《良友》画报丛书

Liang You

良友

民国百行百业

上海科学技术文献出版社
Shanghai Scientific and Technological Literature Press

图书在版编目（CIP）数据

民国百行百业 /《〈良友〉画报丛书》编委会编．—上海：上海科学技术文献出版社，2015.1

（《良友》画报丛书）

ISBN 978-7-5439-6454-9

Ⅰ．①民…　Ⅱ．①良…　Ⅲ．①工业史—史料—上海市—民国　Ⅳ．① F429.51

中国版本图书馆 CIP 数据核字（2014）第 280362 号

责任编辑：张　树　　李　莺
封面设计：周　婧

民国百行百业
《良友》画报丛书编委会　编
出版发行：上海科学技术文献出版社
地　　址：上海市长乐路 746 号
邮政编码：200040
经　　销：全国新华书店
印　　刷：常熟市人民印刷厂
开　　本：650×900　1/16
印　　张：15
版　　次：2015 年 1 月第 1 版　2015 年 1 月第 1 次印刷
书　　号：ISBN 978-7-5439-6454-9
定　　价：28.00 元
http://www.sstlp.com

出版说明

有这么一本民国期刊，蒋介石题赠“文化先锋”，萨空了先生称之为“中国第一本画报”，最高发行量达 4 万份，代售处遍及“南洋群岛及世界各埠”……当人们谈起老上海情怀，说到民国文化的摩登时代，总喜欢用它来作为佐证，它就是《良友》画报——中国现代新闻出版史上出版时间最长、发行量最大、发行范围最广的刊物。

一本《良友》画报，如何能承载这些盛誉？

从 1926 年创刊到 1945 年终刊，《良友》画报共刊行 172 期，载彩图 400 余幅，选用照片 32000 余张……这数以万计的照片中，最吸引人的当然是《良友》的封面女郎，她们中有电影明星留下的妩媚身影，例如好莱坞的中国影星黄柳霜，也有社交名媛的秀丽倩影（例如《色·戒》的女主角原型郑苹如），但其实这些封面女郎远远不能代表《良友》所蕴含的深远魅力。

《良友》能具有超越时代的生命力，在于它的图片代表了民国时期纪实摄影的最高水准，这些图片，每一张都堪称大时代生活的剪影画，每一册刊物都可谓是一本时代图像志。那些在内页中，看起来尺幅不是非常大的图片，每一张都是一个深入民国历史方方面面的镜头。

此次付梓出版的《良友》画报丛书包括：《民国上海生活素描》《民国社会百态》《民国百行百业》《民国猎影记》《民国读者旅行

记》《民国名人自传》，这些图书内容或有电影明星叶秋心演绎《小家庭第一课》；或在《新年的街头》，傀儡戏、纸鸢、纸花、灯市、戏法、西洋镜那么的热热闹闹；或有酱油、糖、蚕丝、汽油、木炭、纸张、油漆、汽水的制造过程；或有丰子恺、冯玉祥、洪深、马思聪、刘长春、黄柳霜、徐悲鸿等名人的袒露胸襟的自传；或有随着良友全国摄影团考察民国16省的风土人情；或有领略边疆民族生活、交通状况、名城胜景，在娓娓道来的笔触中与罕见的图片里，感触中华传统文化的魅力与传承。

为了保持《良友》的原貌，并将原刊精华准确地呈现给读者，我们仅对内容作了重排与审校，地名、人名、语言风格、一些词语的使用，以及有些标题和图片说明没有对应的英文翻译等等，我们都没有作修改，也没有加编者注，完全依照原刊，希望读者能够给予理解。

在《良友》百期纪念特刊中曾有人写道，"《良友》无人不读，《良友》无所不在"。每位读者都能在这套《良友》画报丛书中发现自己的兴趣所在，找到那么一些感动自己的细节，发掘一些与自己的生活相关的部分……倘若这活生生、热乎乎的民国画卷能让你心有所感，那只能说明，这世间，确有一些文字与图片会有无穷的魔力，在历尽岁月洗礼后仍然熠熠生辉。

这，就是《良友》的价值所在，也是我们编辑此套图书的初衷。

编　者

2014年11月6日

目录 content

橡皮之出产
RUBBER PRODUCTION

南洋岑业良树胶厂全景，（左上角）创办人岑业良君。

制造橡皮之发动机及滑光机。

近世橡皮之用途极广，出产处以南洋为主，华侨经营此业者极众，间接利及祖国，如岑业良厂其一也，承该厂司理卢仲清君寄来照片多幅，并述该厂现已派送中国学生三人赴美留学，以期将来改良实业，盖解决民生问题之根本方法，乃实业也。

岑业良树胶厂货仓内之原料。

南洋土人割取树胶。

小巧之物
ODDS AND ENDS

（张建交摄）

（右）天坛模型及其作者

Miniatures of the Temple of Heaven and the palace (top right) of the Forbidden City, are skillfully cut and done by Mr. Kwan Chi ta, a well-known architect as well.

关基泰君粤人，为华北著名建筑家，精雕刻术。上二图为其近作，每座售美金四千余元。

北平紫禁城楼角（雕刻家关基泰杰作）。

Model of a locomotive for the Tientsin Pukow Railway.

浦口铁路局机器厂之火车头模型，可升火行动（屠哲隐摄）。

——北平交通陈列馆之小火车（蒋汉澄摄）。

Models of a locomotive and the bridge construction for the Hankow-Peiping Railway, as exhibited in the Communications Show Rooms in Peiping.

车头制造完备与大火车无异，有轨道可行驶，能载幼童数人。

汉平路黄河铁桥模型（蒋汉澄摄于交通陈列馆）。

参观糖厂
A SUGAR REFINERY IN AUSTRALIA

The Refinery.
澳洲大夏限埠糖厂全景。

The Strainer.
炼糖机器，糖汁榨得之后，须经过此处。

A Glimpse at the interior.
糖厂内部一瞥。

蔗糖为南洋及澳洲一带出产品之一，华侨及外国人多营此业致富，本页各图为澳洲糖厂之一，工人数百，每日出糖十八万斤。

甘蔗由田中用车运到糖厂，上图甘蔗纳入厂内，即输落左图之榨糖机，下端白色者为已经压榨之蔗渣。

Sugar canes imported(above); and the sugar press(left bottom).

The Chemical laboratory and its leading Chemists.

糖质化验室及厂中重要技师。

制腐皮
THE MAKING OF CHINESE BEAN CURD

（黄英摄）

豆浆制成的食品，含有充分的滋养料。至于纸更为日用必需的物品。我们看这两页图片，就想起日常吃的用的，多是劳动者辛苦造成；同时发生一个感想：中国工业长进太慢，现世电力奔腾，我们还在推磨；另人机轮飞转，我们造纸的还要逐张弄，我国的实业倘不急起直追，经济就一天天的落后，民生就一天天的穷困。这是我们不想说而不能不说的话。

黄豆磨烂后放在锅内煮之。

将黄豆磨烂成浆。

锅中豆浆煮熟后，面上凝现一种黄色之皮，用木板挑起即成腐皮，为素餐中之重要食品。

制草纸
THE MAKING OF CHINESE GRASS PAPER

（王小亭摄）

先将草捣烂压在板下。

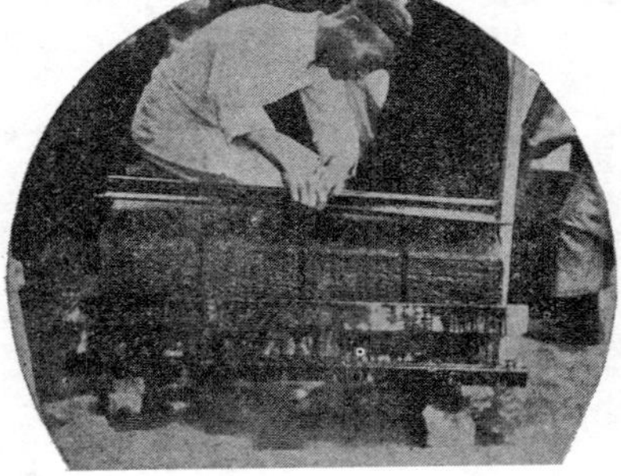

草浆稍干便即取出。

分层揭出，在阳光中晒干，即成草纸。

有声影戏之摄制

（A）为收入机（B）主角柯伦摩女士（C）摄影机（D）导演（E）反光幕。

有声影戏制时情形。

A view of the Paramount sound studios, with fourteen stages for talking picture production. Colleen Moore, with the microphone suspended over her head, is making outside scene for "Smiling Irish Eyes."

制片摄影场

场内声音与外界隔绝

（美国拍拉蒙公司新近筑成）。

Al Jolson as he appears in his first sound picture, "The Singing Fool".
有声影戏最初成功之名角阿尔乔生。

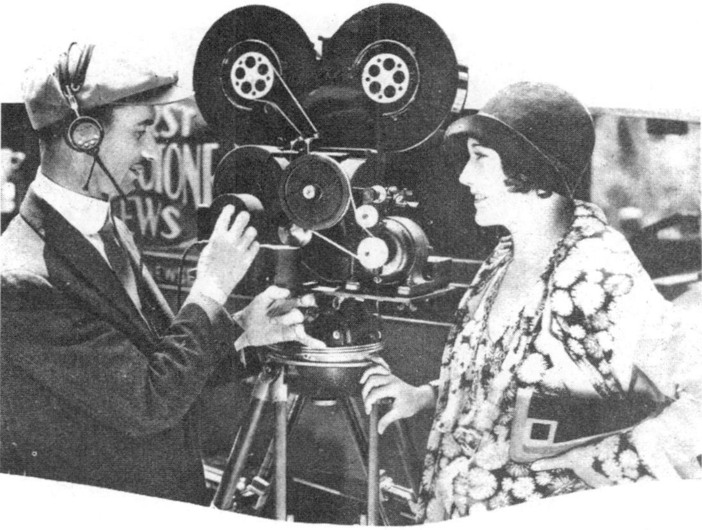

Frank Blackwell showing Dorothy Sebastian how the New Hearst Metrotone works.
新式收音摄影机。

A scene from "The Love Parade" directed by Ernst Lubitsch, starring Maurice Chevalier and Jeanette Mac Donald. This paramount picture was success, fully shown in Shanghai.

轰动各国之有声新片“璇宫外史”之一幕，该片为刘别谦导演杰作，曾在沪开演，大受赞许。

特大有声影片（放映面积较普通大两倍）。

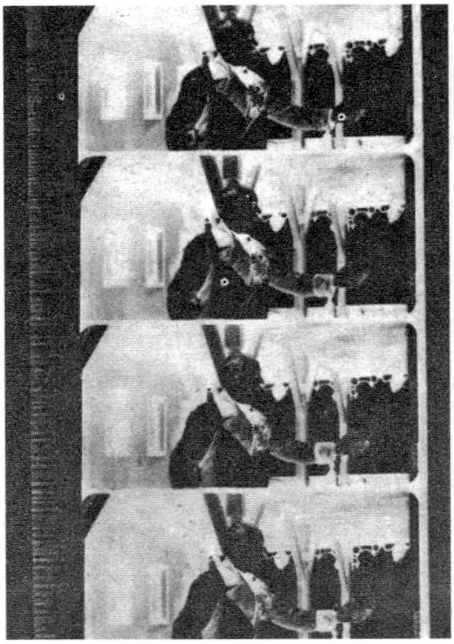

（此行细纹即声浪之摄影。）

有声影片（上海街道）。

The near-third-dimension film, recently presented by the Fox Grandeur system, its sound track shown on left side. The wide film is twice as wide as ordinary film.

有声电影之原理，系利用无线电波，将声浪转为光浪，摄入片中；放映时又将光浪转为声浪，播入观众之耳影。

盆竹之欣赏

（冼玉清女士）

盘栽一艺，日本最长。教有专校，校有专科，艺术家所把玩摩挲，非仅仅老圃之事也。吾粤国画会诸君，颇有精研此道者。乃于廿年十一月十五至二十日，开盘栽展览于花塔街六榕寺，余往观焉。陈列分三室，如入山阴道中，令人目不暇接。就中铁禅和尚出品以石及芒草胜，岑博泉以蒲草胜，郑伯都以野蔬胜，余如陈萝生范其务周绍光梅文杰等，亦各有足观。而赵浩公之出品则以竹胜。此文坎缩窄范围，请专论浩公之竹。

浩公之竹，模仿古画。能以名大家画竹笔意移入盘栽；盘各一家，此为独开生面者。夫古人画法，笔仿为难；况以有天然生机之植物为之，使其曲尽神态，望之俨然。此浩公之绝艺为不可及也。今择仿古笔法十四盘分别论列：曰文与可，曰苏东坡，曰管仲姬，曰柯九思，曰吴仲圭，曰倪云林，曰夏仲昭，曰马湘兰，曰诸日如，曰释石涛，曰恽南田，曰王耕烟，曰罗两峰，曰郑板桥。摄影附之。并以该盘栽法历史画评略为介绍。以便读者之研究焉。

（一）与　可

（甲）与可栽法：箨竹三枝。栽于高约一尺之黯绿小方盘上。两枝直上；高约二尺，瘦干疏叶；一枝下垂而复

盆栽展览会之一隅。

上卷，密叶劲拔。王山谷谓与可之竹，曲折有思。苏东坡谓观与可之竹，可以见其屈而不挠之节。此盘可谓善得与可之神。

（乙）与可事略：宋文同字与可，号笑笑先生，又号石室。四川梓潼人。举进士，官至太常博士。与苏轼同时，德举相望。墨竹之法，亲授雪堂；故所作多雪堂手题。每见精练良纸，辄愤笔挥洒；不能自已。坐客争夺持去，亦不甚爱惜。后来见人设置笔砚；即逡巡避去，人就索至终岁不可得。人问其故，与可曰："吾乃学道未至，意有所不适而无所遣之；故一发于墨竹，是病也。今吾病良已，可若何。"苏轼曰："以余观之，与可之病，亦未得为已也。独不容有不发乎？余将俟其发而掩取之。彼方以为病，而吾又利其病；是吾亦病也。"苏轼又谓"与可所至，诗在口竹在手。来京师未及一岁，请郡还乡；而诗与竹皆西矣！一日不见，使人思之！其面目严冷可使险躁者静，鄙薄者厚。今相去数千里，其诗可求，其竹可乞；其所以静厚者不可致，此余所以见竹而叹也！”墨竹之外，与可亦能山水。曾作晚霭图，黄山谷观之，叹息数日；以为潇洒大似摩诘，工夫不减关同。九灵山人见其盘谷图，为之把玩不释。谓与可胸次之高，可以冠绝天下，笔墨之妙，足以追配古人。四百余年后见此图尚使人油然感动，如李愿初入盘谷，韩昌黎与酒作歌时也。其所画竹上鸜鹆，王山谷以功刮造窟称之。与可又善诗文，篆隶行草飞白学十年未入古；见道上斗蛇，遂得其妙。为人靖深，不明世故。元丰已未，出守湖州。行至宛邱驿，忽留不行。沐浴冠带，端

广州六榕寺（盆栽展览地点）。

坐而逝。

（丙）与可竹评：张青父清河书画舫云："文湖州以写竹名天下。"攻愧集云："笑字从竹从夭，而字书不迹其义。李冰阳云：竹得风其体夭屈，如人之笑。湖州两枝，开卷一阅；真欲向人而笑者。妙处可得而云哉！"元李并谓"见湖州一幅五挺：浓淡相依，枝叶开错，折旋向背，各具姿态，曲尽生意。如坐渭川淇水间，无怪宋金两朝名士赞美湖州之竹与造化比美"。

（二）东　坡

（甲）东坡栽法：黄竹高约一尺五寸，栽于宜兴红泥方盘中。粗干大叶，磅礴雄壮。朱子文谓东坡画竹初不经意，而其傲风霆阅古今之气，犹是以想见其为人也，此盘恰如斯言。

（乙）东坡事略：宋苏轼字子瞻，号东坡居士；四川眉山人。嘉右丁酉进士,官至礼部尚书。绍圣初,坐讪谤，徙惠州。徽宗赦还，提举玉局观。自为举子至入仕，出入侍从，必以忠君爱国为本。正规说论，挺持大节，群臣无出其右者。但为小人忌恶排挤,不使安于朝迁。所莅之处，悉有善政。能文工书，兼善墨竹。笔力跌宕。昔就文与可画竹。与可授以诀云："竹之始生，一寸之萌耳，而节叶具焉。自蜩腹蛇跗以至于拔剑十寻者，生而有之也。今画者乃节节而为之，叶叶而累之，岂复有竹乎？故画竹必先有成竹于胸中，执笔熟视，乃见其所欲画者。急起从之，振笔直遂，以追其所见。如兔起鹘落，稍纵则逝矣。与可之教予如此，予不能然也。而心识其所以然。夫既心识其所以然而不能者；内外不一，心手不相应，不学之过也。故凡有所见于中，而操之不熟者。平居自视了然，而临事忽然丧之，岂独画竹乎？”东坡于景佑丙子生，建中靖国卒于常州。年六十六。

（丙）东坡竹评：王山谷谓“东坡写竹得劲字”，柯九思谓“东坡写竹老而活。”又谓“其墨竹自下一笔而上，然后点缀而成节目，为得造化生意。”震泽集谓“东坡之竹数叶萧疏，而其意已足。盖其胸次不凡，故落笔便有超妙处。”

（三）仲　姬

（甲）仲姬栽法：观音竹小筱成业，繁枝密叶，栽于霁蓝高约二寸之浅盘内。竹干作黄色，与盘色互相辉映。项子京谓“管夫人之作。淡墨细竹，万玉幽深。”此盘可以代表之。

（乙）仲姬事略：元管道升字仲姬，吴兴人。赵孟頫室，赠魏国夫人。赵孟頫以书画擅一誉当世。夫人习于闻见，亦时游戏笔墨。墨竹笔意清绝，晴竹新篁，是其所创。书牍行楷，与孟頫不可辨同异。延佑间上命中使取夫人书进。览之称善，命与孟頫书并藏秘阁。诚一时盛事，平居喜与孟頫合作书画，见者称为二妙。卫夫人后无与俦者。墨竹之外，亦善佛像山水。

（丙）仲姬书平：明汪砢玉谓“管夫人之画，有一种清姿逸态，出人意外，见之令人尘垢顿洗。”侯方域谓“管夫人之竹，潇洒神韵，别具间情。”

（四）丹　邱

（甲）丹邱栽法：箨竹一干两枝高二尺许。栽于高约一尺之青花瓷盘上。其叶修洁齐整，清润中有潇洒之气。六研斋题柯九思晴竹，谓“其立竿亭亭，枝叶疏散，无堆堕蔽翳处。行枝布叶，合于生竹之数，自然精彩生动，非有成竹于胸者不能也。”此盘直是此帧。

（乙）丹丘事略：柯九思，号丹丘。元浙江天台人。为天历一文学士，人比之东方朔、司马相如。所著建储论招岛夷文，多为识者所称。文宗置奎章阁，持授学士院鉴书博士。凡内府所藏书法名画，咸命鉴定。又善鉴识金石，博学能诗文。山水笔墨苍秀，丘壑不凡。墨竹师与可，骎骎乎升其堂而入其室。尝自谓写干用篆法，枝用草书法，写叶用八分法或鲁公撇笔法。寓意编谓其笔法非积学不能到也。皇庆壬子生至元己巳卒，年五十四。

（丙）丹丘竹评：假庵集谓“九思所画：晴雨风雪横出垂悬，荣枯樨老，各极其妙。”寓意编谓“李息齐画竹似而不神，赵松雪画神而不似。得神于运笔之表，求似于有迹之余，其丹丘乎？”六研斋谓“丹丘之竹如国色，不借铅黛绮罗，此地位实不易到。”

（五）仲 圭

（甲）仲圭栽法：长竹两枝，高约三尺，栽于长方白石浅盘上。一枝直匕，一枝横向，取势于斜，似在风中者。英石一拳，形如伏虎，在竹干边，其自题墨竹坡石图有句云：“纷纷苍雪落碧箨，谡谡好风来旧枝，信看雷雨虚堂夜，拔地起作苍虬飞。”真似为此盘咏。

（乙）仲圭事略：元吴镇字仲圭，号梅花道人。嘉兴人。抗简孤洁，忍贫高隐，极不喜为人作画，虽势力不能强。惟以佳纸笔投之案格，兴至就几，随所欲为，乃可得也。山水师巨然，墨竹效文同，俱臻妙品。能墨花，兼能写像。工词翰草书。与盛子昭比门而居。四方以金帛求子昭画，而仲圭之门阒然。妻子颇笑之。仲圭曰，二十年后当不复尔。果如其言。元世祖至元庚辰生，至正甲午卒。年七十五。

（丙）仲圭竹评：徐文长谓“仲圭画竹，如群凤为鹘所掠。翎羽腾闪。捎掠变灭之诡，虽凤亦不得而知。”陆树声谓“仲圭写竹：笔意豪宕，有五景略见桓征南气象。至其汪洋纵恣，则壮字秋水篇。落笔点缀，天然入妙，则运斤成风，恢恢游无间矣。”

（六）云 林

（甲）云林栽法：变种佛肚竹三技，萧淡简疏。高约三尺。伴以叠石。栽于高约三寸之长方蔚蓝瓷盘中。其自题墨竹云："一枝牕影墨纵横，潇洒濡毫意自清，"似即为此盘咏。

（乙）云林事略：元倪瓒字元镇号云林，生于元末，不与陈敬初辈食张氏禄。避地云间，性狷介好洁，尤善自晦匿，家故饶于资。轻财好学，尝筑清閟阁藏古书画于中。工词翰，书从隶入手，笔札奕奕有晋人风。山水不着色，竹石景以天真幽淡为宗。称逸品，为元季第一。生平不喜作人物，亦不用图章，故有迂僻之称。至初元，海内无事，忽散其资给亲故，人咸怪之。未岁兵兴，富家悉被祸；而瓒扁舟独坐。与渔野叟混迹五湖三柳间。大德辛丑生，洪武甲寅卒。年七十四

（丙）云林画评：元空庵老人谓"云林之画 萧散恬适。"叶著云："先生清气逼人寒，爱写森森玉竿。"梁时谓"云林所画万古木新皇图，法度高妙，风韵超逸，虽宋之文苏，元之高李，不能过也。"

（七）仲　昭

（甲）仲昭栽法：英石大小两拳，叠于高约寸半之白石长方盘上。箨竹两枝，从石罅出。一直立疏叶。一横伸低荫。叶偃仰有势如行书。恰似曹程仲昭清风高节图所谓"只可风雷一两枝"者。

（乙）仲昭事略：明夏昶字仲昭，昆山人。永乐己未进士。廷试其书得命第一。命书宫殿牓，赐宅第，免朝参，

水仙与牡丹（盆展出品）。

眷顾甚隆。竹石师王绂，风雨俱合矩度。名价重夷裔。时有“夏卿一个竹，西凉十锭金”之谣。盖外人多饼金购之也。诗词清丽，楷法亦工。为政不事名誉，而人安其平易。居家孝友，风流文雅，有高人之致。洪武戊辰生，成化庚寅卒。年八十三。

（丙）仲昭竹评：震泽集谓“仲昭之竹，有超然之韵，挺然之节，苍然之姿，与玩物丧志者异。”恬致堂谓“仲昭师事王绂。王绂之竹，有倪瓒之逸而无其疏野，有柯九思之雄而无其伉浪。若无蓄雨含云舞风弄日，秀姿妍态又其偏长者。而仲昭类其笔意。”

（八）湘　兰

（甲）湘兰栽法：筋竹数枝，栽于红泥长方浅盘上。枝叶窈窕织弱。正如注容甫所谓“农兰修竹，文弱不胜，秀气灵襟，纷披楮墨之外”者也。

（乙）湘兰事略：明马守贞字湘兰。南苑名妓。与王伯穀友。当时名士，多与来往。名噪一时。以檀写兰，故湘兰之名特著。罗兰仿子固，竹法仲姬，俱能袭其余韵。所居任秦淮胜处，海外暹罗国使，亦购其画扇藏之。

（丙）湘兰竹评：潘奕隽题湘兰画竹曰：“带月披烟三两枝，修竹婵娟碧鲜滋。”又曰“湘兰之竹，风枝露叶，墨韵流香。”

（九）日　如

（甲）日如栽法：小竹一枝，出于雪石之旁，欹斗窈窕。小叶数笔，清致有韵。竹高约一尺。以白石浅长方盘承之。

（乙）日如事略：诸升字日如，号曦庵。仁和人。善兰花竹石。竹师鲁得之（鲁以左手写风竹名。）劲利匀整，理法俱到。所见画幅，布叶匀称发竿劲挺，似深得此中三昧者。然未见离奇变化之妙。云竹则独步一时。

（丙）日如竹评：秦祖永曰：“日如挥洒墨竹，功夫老到。然法有余而趣不足。故觉失之平实。”

（十）石 涛

（甲）石涛栽法：佛肚竹八枝，高低成业，凌乱淋漓。倚二英石，栽于符蓝长方瓷盘上。其自题墨竹云："是竹是花皆是道，乱涂大叶君莫笑。"的是此盆。

（乙）石涛事略：姓朱名道济，号清湘老人，又号大涤子。别号苦瓜和尚，明楚藩后也。失国后抱愤郁之志，混迹于禅。凡为诗文字画，皆有磊磊落落，奇奇怪怪之气流露于其间。著论画一卷，辞藻元妙，全从经典中来。画兼山水兰竹，小景亦佳。笔意纵恣，脱尽窠臼。其高古神妙之处，又可与大痴倪迂相伯仲。善隶书，诗跋清老，非宋元以下手笔也。

（丙）石涛画评：秦祖永云！"石涛下笔古雅，设想超逸，大江以南，无出其右者。"又曰"石涛排奡纵横，以奔放胜。脱尽画家窠臼。"石涛自题墨竹云："湖州太守馋甚。欲以渭滨千亩，纳之胸中。贫道则不然，才带露拖烟，收雨三竿用作齐盐清供，你道是知味否！"其跋画有句云："磴礴睥睨，乃是翰墨家生平所养之气。峥嵘奇崛，磊磊落落。如屯甲联云，时隐时现。"此数语可为石涛真评。郑板桥云："石涛画竹好野战。绝无纪律，而纪律自在其中。"

（十一）南 田

（甲）南田栽法：箨竹一业，植于黄蜡侧。高约二尺，郁密秀润，整齐成个。

（乙）南田事略：清恽格，字寿平，又字正叔。号南田，又号白云外史。武进人。山水清腴秀致。见王翚画，让之独步。自学没骨写生，以比宋徐崇嗣为归，一洗时习。海内宗之。为人孝友醇笃，有古君子风。遨游数十年，惟吟咏诗灵自娱。所居瓯香馆，唱酬皆一时名。诗笔超逸，书法体王而秀，时称三绝。其没也家贫不能举丧。王车为经理之。明崇祯癸酉生，康熙庚午卒。年五十八。

（丙）南田画评：王虚舟云："南田与石谷齐石，然石谷腹尠尽卷，故其笔墨间工夫有馀而乏天然之韵。南田以绝世之姿，辅以卷轴，故信手破墨，自有尘外远致。无所用意而工益奇，正恐石谷绝劲称力，未能攀仰也。"孙平叔

珠柏与格木（盆展出品）。

谓“南田用笔古淡,天真烂然,乃画中逸品。”秦祖永曰:“画家擅长三绝者，前代惟唐子畏一人，当代惟南田翁可与并传千古。”

（十二）耕　烟

（甲）耕烟栽法：蜡石侧柔竹成林，栽于白石长方浅盘上。竹叶上向，睛色盎然。

（乙）耕烟事略：清王翚字石保，号耕烟散人，又号清晖主人。常熟人。山水得王时敏亲授，镕铸南北雨派于毫端，独开门户，人称尽圣。诏绘南巡图称旨。内府收藏甚多。得邀袭题。至其点缀人物器皿及一切难作，均绘影绘神，诸家莫能及。崇祯壬申生，康熙丁酉卒，年八十。

（丙）耕烟画评：秦祖就曰：耕烟天资人工，俱臻绝顶。集南北二派之大成。艺绝年高，宜称画圣。

（十三）两　峰

（甲）两峰栽法：箨竹高尺许，一枝数叶，栽于白石长方深盘上。倚玲珑古奥之英石，劲挺高古。

（乙）两峰事略：清罗聘，字两峰，号逐夫又号花之僧。扬州人，金农高弟子。工人物杂花，尤善墨梅墨竹。貌鬼独绝，有鬼趣图传世，极为名流称赏。金农卒汉上，聘为归葬,搜罗残稿,觉刻其集。俱称高谊。应正癸丑生，嘉庆已未卒，年六十七。

（丙）两峰画评：秦祖永曰："两峰笔情超逸，思致渊雅，深得金冬心神髓。墨竹超妙，古趣盎然，盖由其人品高逸，非寻常画史所能窥其涯涘也。"

（十四）板　桥

（甲）板桥栽法：筋竹高二尺余，直干个叶。气魄雄壮怪拔，栽于长方深盘上。

（乙）板桥事略：清郑燮，字板桥。兴化人，乾隆丙辰进士。风流雅谑，极有书名。狂草古籀一字一笔。诗词亦不屑作熟语。兰竹用草书法，脱尽时习。竹尤有别致。知山东潍县事，后以病归，遂不复出。

（丙）板桥书评：秦祖永曰："板桥笔情纵逸。随意挥洒，苍劲绝伦。然横涂直抹，未免发越太尽，无含蓄之致。盖由其易于落笔，未能以酝酿出之，故画格难超，而画律犹组也。"板桥自跋其画竹云："文与可画竹，胸有成竹。郑板桥画竹，胸无成竹。浓淡疏密，短长肥瘦，随手写去，自尔成局。"

右十四家，皆宋元以来画竹名手，参阅照片，不异见诸家画迹也。以缺乏参考本，只拉杂出之。整理尚俟异日。

广州人海所聚，地鲜园林。游目赏心。适从不易。今国画会诸子，能以花竹佳色，泉石清奇，以激发吾人美感。其功用可以提高道德，怡养心魂，又岂只玩好之事也。余辈当额手称谢矣。

盆竹展览
POTTEO BAMBOO SHOW

Photos by the Agriculture Department of the Canton Lingnan University, showing the various exhibits.

本页所刊为广州六榕寺盆栽展览会出品，照片为岭南大学农科学院摄赠。

湘兰筋竹（弱质织织）。

中昭（清楚从石罅出）。

南田箨竹（整齐而叶成个字）。

黄竹（风竹势斜）。

柔竹（小枝成林晴叶向上）。

佛肚竹（竿肥节短）。

箨竹（其三）。

箨竹（其二）。

佛肚（凌乱淋漓）。

雨岑黄竹。

东坡黄竹（粗干大叶）。

日如箨竹与可雪竹。

板桥（直干个叶气魄雄怪）。

佛肚（其四）。

筋竹（其二）。

佛肚变种（叠石萧疏）。

箨竹（其五）。

箨竹（一竿数笔叶）。

观音竹（小竹成林）。

盆菊欣赏

（冼玉清女士）

廿年五月七日，岭南大学农科学院园艺系开美国改种苏菊展览于农学院。菊凡一百二十五种。其色则姹紫嫣红、白蓝黄碧、深浅不一。其品则单台、重台、复台、长瓣、短瓣、包心、展心种种不同。其形则小若金钱、大如覆碗。其态则香英细蹙，老干傲霜。其姿则濯濯鲜妍，猗猗逸爽。至于幽香闲韵，在足以触起我辈之画意诗情。因为文以写之。

（甲）改种历史；苏菊又名江南菊，生于江苏浙江一带。清世祖雍正十年（1731）法国教士燕加富 R. p. d. Mcarville 始以其种传至欧洲。清高宗乾隆元年（1736），英国生物学家及园艺学家腓立米雷 Philip Miller 初得其单台红白二色种子试殖于英国。乾隆十七年（1752）米雷又得重台红色蓝色种子，翌年又得重台白色种子。清仁宗嘉庆十二年（1807）园艺家马田 Martyn 布告，谓此菊已化出各种蓝白之色。于是中国菊 China Aster 之名，遂为欧洲一般美术家农学家园艺家所注意。

美国初得此种，在嘉庆十一年（1806）。费城植物家学马韩 M'Mahan 曾谓中国菊为最悦目最适宜之园花。道光廿五年（1845）此花遂蕃殖于美洲东部 New England，文宗咸丰元年（1851）美国园艺研究此花之改种；于是蓝红黄紫各色，变化深浅。生意益蓬勃勃。至光绪廿一年（1895）其形色遂化至二百五十种。今岭南农学院所展览者，即美国已改种之中国苏菊也。

岭南苏菊展览出品之一

长瓣之一种

（乙）国内蕃殖：山海经曰："女几之山，其草多菊"，是菊生于女几山也。拾遗记曰："终南山五老洞碑曰永寿汉之好时也。出墨菊,其色如墨，古用其汁以书"。是墨菊出于终南山也。风俗通曰："南阳郦县有甘谷，谷水甘美，其山出大菊。水从山上流下,得其滋液；谷中三十余家不复穿井，悉饮此水。上寿百二三十，中百，余下七八十者谓之大夭。菊花轻身益气，令人坚强故也。"是延年之菊，出于河南郦县也。唐辇下岁时记曰："九月宫掖间争插菊花，民俗尤甚。"是菊花盛于长安也。唐苏颂曰："菊花处处有之，惟以南阳菊潭所产者为佳。春初布地生细苗，夏茂秋花冬实。"是菊生于南阳也。宋苏东坡集曰："东坡守胶西，索然不堪其忧，日与通守刘廷式循古城废圃求杞菊食之。"是菊生于胶西也。别录曰："菊花生雍州川泽及田野，”是生菊于雍州也。宋范成大菊谱曰：洛阳产菊，其金色名小银台，淡黄者名御爱；陈州产菊，鹅黄者名都胜，白色者名玉球，紫色者名顺圣紫；西京产菊，深黄者有棠棣、夏金铃、秋金铃、金钱、紫者有绣球有荔枝紫、红者有垂丝粉红、红二色；邓州产菊，有黄白二色；相州产菊，纯白者酴醿；滑州产菊黄色外淡内深名玉盆。是知河南各地，都产妍艳之菊花者也。王世懋花疏则谓菊至江阴上海吾州而变态至极：有长丈许者，有大如碗者，有作异色二色者；而皆名粗种。其最贵乃各色剪绒，各色撞，各色西施，各色狼牙，乃谓之细种。徐光启农政全书则谓雍州邓州之外，衡州齐州田野皆产菊甚多。

（丙）洋菊之在中国：一曰波斯菊。王象晋群芳谱曰：波斯菊又名西番菊。有中贵携植普陀；取子种甚佳。作花甚繁而久。花头极大；一枝只一葩，喜倒垂下，久则微卷如发之鬈；淡黄千瓣。其子落地即生，仍复作花。二曰新罗。范成大菊谱云：“新罗一名倭菊，又名玉梅。出海外。国中开以九月末。千叶纯白，长短相次；而花叶尖薄，鲜明莹彻，若琼瑶焉。花始开时，中有青黄细叶，如花蕊之状。盛开之后，细叶展舒，乃始见其蕊焉。花正紫色；叶青支股而小。凡菊类叶多尖阙；而此花之蕊，分为五出，如人之有支股也与花相映，标韵高雅，非寻常之比。一枝开一花，虽有旁枝，亦少双头，关开者。正合独立之意。”三曰回回菊。王象晋群芳谱云：“回回菊亦名锦麒麟。其花极霜霜。径可二寸，萼黄；瓣初赤红，既开则面金黄而背赤红。叶绿而黑，长厚而尖，其亚深。叶根有冗，高可五六尺。”

（丁）菊花与诗：菊有高雅劲真之姿，夙为学士文人称尚；故屈原作骚，则曰餐秋菊之落英；陶潜作归去来辞，则曰三径就荒，松菊犹存；李白有手持一枝菊，调笑二千石之语；杜甫菊晚来高兴处，摇落菊期之言。是知彼辈吟赏东篱之间，固心神俱往也。因择历朝名作附后，借以触发“思古幽情”。

1. 晋袁山松咏

灵菊植幽崖，擢颖陵寒飚。春露不染色，秋霜不改条。

2. 晋陶潜饮酒

秋菊有佳色，挹露掇其英。泛此忘忧物，远我遗世情。一觞虽独进，杯尽壶自倾。日入群动息，鸟归趋林鸣。啸傲东轩下，聊复得此生。

3. 唐李白感遇

可叹东篱菊，茎疏叶且微。虽言异兰蕙，亦自有芳菲。未泛盈樽酒，徒沾清露辉。当荣君不采，飘落欲何依?

4. 唐杜甫复愁

每恨陶彭泽，无钱对菊花。如今九日至，自觉酒须赊。

5. 唐元稹菊花

秋丛绕舍似陶家，绕遍篱边日渐斜。不是花中偏爱菊，此花开后更无花。

6. 唐白居易九日对菊花酒忆元九（即元稹）

赐酒盈杯谁共持？宫花满把独相思。相思只傍花边立，尽日吟君咏菊诗。

7. 唐李商隐咏菊

暗暗淡淡紫，融融冶冶黄。陶令篱边色，罗含宅里香。

几时禁重露？实是怯斜阳。愿泛金鹦鹉，升君白玉堂。

8. 唐司空图对菊

清香浥露对高斋，泛酒偏能浣旅怀。不似春风逞红艳，镜前空堕玉人钗。

9. 宋欧阳修咏菊

共坐栏边日欲斜，更将金蕊泛流霞。欲知却老延年乐，百草衰时始见花。

10. 宋王安石咏菊

黄花漠漠弄秋晖，无数蜜蜂花上飞。不忍独醒孤尔去，殷勤为折一枝归。

11. 宋范成大重阳后菊花

寂寞东篱湿露华，依前金靥照泥沙。世间儿女无高韵，只看重阳一日花。

12. 宋陆游九月十二折菊

黄菊芬芳绝世奇，重阳错把配萸枝。开迟愈见凌霜操，堪笑儿童道过时。

13. 元马祖常双头菊

金郁卮边醉袖垂，秋云如幄贮仙姿。寒生小靥回銮动，香入流苏睡鸭移。结绶巧承西颢曲，落钿羞带月支眉。青霜为我催憔悴，银屋何人怨别离？

14. 元许有孚绕堤种菊

酒熟同招隐士看，饥来忍把落英餐？春风无限开桃李，不似黄花耐岁寒。

15. 明何景明汝庆宅红菊

红菊开幕时，亭亭冠物华。亦知颜色好，不是艳阳花。

罗绮娇秋日，楼台媚晚霞。清香如不改，常傍美人家。

16. 明陈宪章（即白沙先生）题渊明菊

篱下花堪把，先生有酒否？遥看白衣者，不复问江州。

17. 明李东阳咏杨妃菊

谁采繁花席上题？偶将名姓托唐妃。日烘花萼醺时面，雨换清华浴后衣。隔座似邀秦国语，挥毫未放谪仙归。欲从颜色窥生相，已落诗家第二机！

18. 清吴伟业咏菊

夜深银烛最分明，翠叶金钿认小名。故著黄绝贪人道，却翘紫袖羡倾城。生来艳质何消瘦，移近高人恰老成。几度看花花耐久，可知花亦是多情。

19. 清查初白俞扶九寓斋赏菊分韵得时字

关榆塞柳别经时，一夕从君那得辞？冲雪人过重九节，傲霜花胜半开枝。寒香泛夜差宜酒，病眼经秋渐怯诗。记取灯前论聚散，明年相忆在东篱。

20. 清屈大均咏菊

黄菊丛丛发，贫家有好秋。叶兼慈母馔，花为故人留。不幸成高节，无端致白头。年年迟暮感，因尔一忘忧。

21. 清恽寿平画菊

独坐对秋色，醉吟霜华丛。折来犹带露，零落不因风。晴分瑶圃雪，晓漏青天虹。赠尔发幽赏，寒香生袖中。

（戊）菊花与画：写菊分设色墨花二派；以言设色派；则五代黄筌有寒菊图，徐熙有寒菊月季图，滕昌祐有寒菊图。宋代黄居寀有寒菊鹭鸶图，寒菊鹅子图，寒菊双鹭图，丘庆余有寒菊图，赵昌有拒霜寒菊图，乐士宣有菊岸群凫图，战德淳有冒雨寻菊图。南宋吴炳有折枝寒菊图，马逵有菊圃图。元则钱舜举能写设色折枝图。明则王遐源写菊艳逸工设色。清则胡慥画菊能尽百种之妙，王忘庵善着色菊花，恽南田写菊能以造化为师。皆所谓设色写生派也。

单台之一种。

以言墨菊，则宋赵子固米元章均称能手。元则柯丹丘吴仲圭赤盏希会之遗作，尚彰彰可考。明代则苏照会为黄叔旸作墨菊图，杨节孙堪甥舅能以草书法画菊，孙尤得神，吴河作傲露团露二体尤尽其妙，松庵上人写墨菊幽兴宛在山岩，朱多爛亦工墨菊，余如百岁老人王衍，刘珏陈淳，皆明代墨菊之最著者。清代则恽南田，图清格黄埙许仁年，皆韵致特工。读画史可考其画迹也。

单台其二。

此次岭南农院展览之苏菊，取种美国。年来国内所植，此为最早，亦为最多。深望农院同人，能致力于优生进种之法；若当日欧美人士之勤救改善者，则他日之绚烂姚妍，又岂止今日之区区二百余种哉。

影片摄制之程序
PROCESS FOR MOVING PICTURES PRODUCTION

（本报特约张建文摄于联华影片公司）

A view of the movie studios.
摄影场：以玻璃盖棚，内景随时更换，银灯四射，日夜可以工作。

Camera for taking moving pictures.
活动摄影机是摄制影片重要之仪器。

A miniature model to be used for scene in the picture.
假景：影片景物，常以模型代实物，上图小洋房高不过二尺，将来放映银幕与真屋无异。

A player in the act of painting his face.
演员之化装。

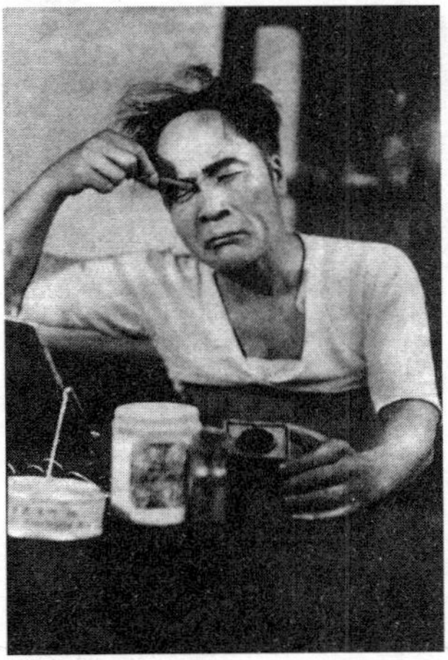

A young man can be changed into an ugly fellow.
一个少年男子可以化成丑汉。

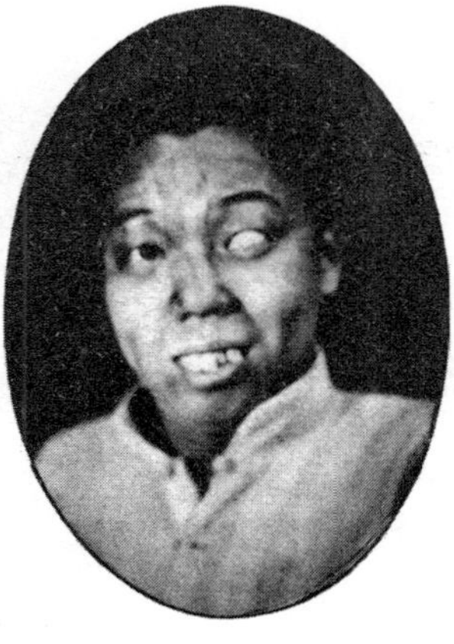

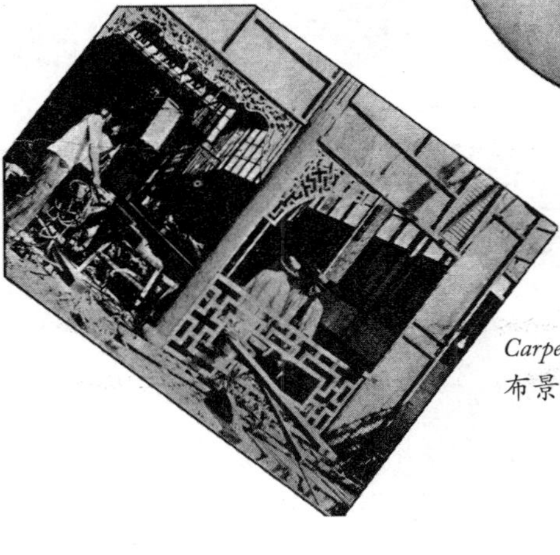

Carpenters at work in the studio.
布景场中之木工。

A view of the interior of an old-styled country house.
新做成之旧村屋内景（景中人为女明星阮玲玉）。

Carbon and arc lamps.
炭精灯与弧光灯：发光强烈，远近方向任人运用，为摄影场中不可少之工具。

Movie taking.
演与摄：图中1导演、2摄影师、3演员、4司灯者。

Developing films.

冲洗机：影片拍摄后，送入黑房冲洗，显影定影手续与普通影片同。

Film-joining machine.

接片机：洗印完竣之片段，经此机摄驳成为整卷之影戏。

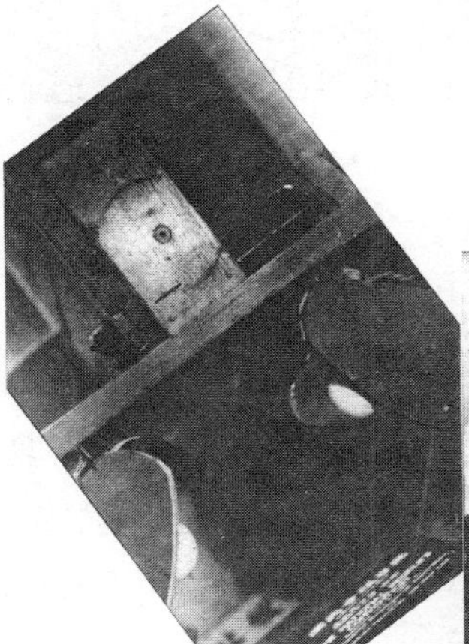

Camera for taking explanations in words.

字幕摄影机：下放说明，上配摄影机，中置灯光。

Film-drying machine.

干片机：凡子母片冲洗后均须卷上此轮，在凉爽无尘之空气中旋转，约三十分钟，可将数千尺影片吹干。

Film-printing machine.
印片机：已拍好之底片黑白相反，经此机印成正片然后可以放映。

电影片之摄制，是现代一种艺术化的大工业，仪器设备既复杂，各方面的人才也就不一而足。我国电影事业，七八年前曾盛极一时，近三两年颇见冷落，最近，大有复兴的趋势。历史规模早有地位的明星公司，和新近崛起而精神蓬勃的联华公司，各出心裁，新出品陆续问世，很为观众所注意。最近更从事于有声影片，将来国产品自当应潮流而大有可观。本页所刊，为摄影场参观留影，虽然图幅有限,不能把繁复工作的手续逐一发表,可是一瞥之下，便知影片摄制之不易。我们坐在影戏院两个钟头看完的一部戏，原是日积月累工作的产品啊！

牛奶出品程序

（上海畜植公司参观留影）

The main entrance.
上海畜植公司之正门。

About 180 mu of land for pasturing.
该公司之放牛场，占地一百八十余亩，宽敞宏阔。

The Stanchions, the tower where ensilage is made for the winter.
腌草塔，系制咸草备冬天供牛之用。

The Barn.
牛舍外景，屋顶装置新式气筒，使空气时常流通，冬暖夏凉，与普通小窗不同。

牛舍内景，为牛群休憩及挤乳之处，卫生整洁异常。

Cows in Stalls.
牛在舍中休憩之情形。舍中设备，皆用最新式之钢架。牛前装置饮食器具，使牛便利而舒适。

Cow and cafe pens.
牛之生产室及小牛室。

A Productive cow which gives 80 odd lbs a day.
该公司之另一母牛，系美国名种，每日可产奶八十余磅。

The Champion cow-worth $4000.
该公司之价值四千元之母牛，强健壮伟，盖该牛之上三代，皆每日产奶一百磅以上者。

A Breeding force.
此乃该公司最优美之牛种。价格极昂，其母以六个月内产奶一万九千磅创世界纪录者，牛右为该公司经理马文甲先生。

Another Cow producing 90 lbs og milk a day.
该公司母牛之一，每日会产奶至九十余磅。

Another American milking cow.
该公司母牛之一。

Pressure Bottle washer.
为洗瓶机，将瓶消毒洗净然后盛奶。

The Fat Test Section.
是为该公司之化验室，检验奶油奶粉之厚薄、微生物之多寡等。

Milking.
挤奶之情形。

Pasteurization and Bottling Machinery.
上为制奶机，举凡消毒蒸奶冰奶盛奶及盖瓶塞等皆由此机运用制成。

蚕丝出品之程序

PRODUCT OF SILK WORM THROUGH DIFFERENT STAGES

（广州建设厅蚕丝改良局参观留影）

Cocoon Selection for egg production.
挑选蚕种。

Pathology Lab for examining the moths.
蚕病之研究。

The Reeling & Boiler Room.
制丝实验室。

Breeding room..
分蚕饲育之工作。

Pathology Lab.
蚕病研究试验室。

Reeling machine.
缫丝釜之近影。

Reeling room.
缫丝场。

The rural rearing house.
模范蚕室。

Conditioning.
烘丝部。

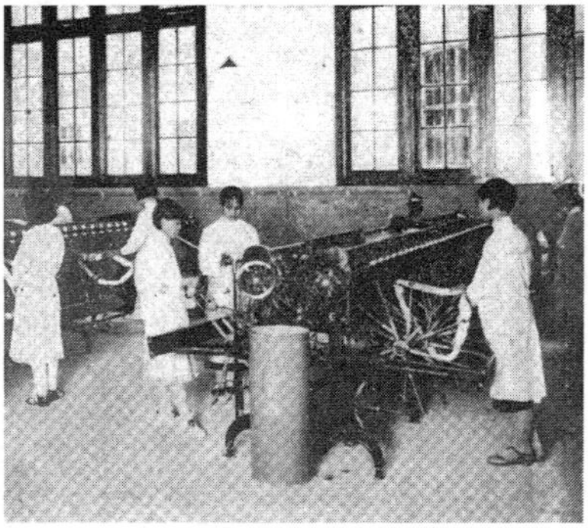

Winding Machine in the Quality Dept.
络丝机。

（右及下）总务股办公室。

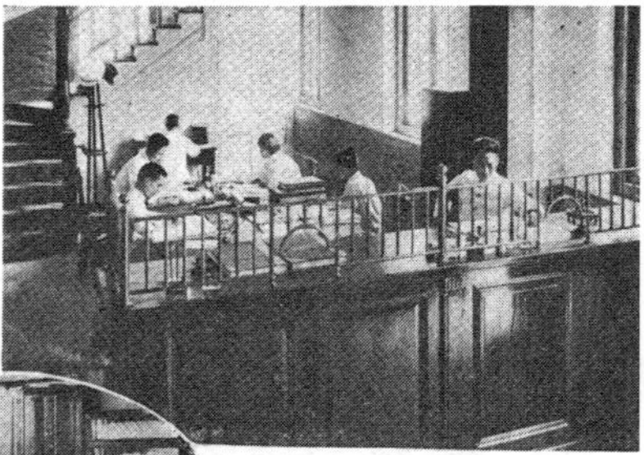

Application Dept.

Show Room.
标本陈列室。

General Office.

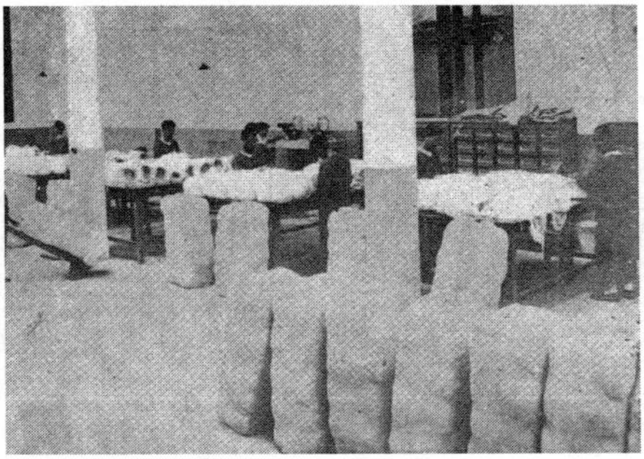

Sampling & Net Weighting.
蚕丝出品采样包裹。

Mr. Wong chief of the weighting Department.
份量股主任兼技正
黄国荣。

Assistant Director & Textile Engineer Mr. L.
副所长兼技正
李钜扬。

Superintendent of the Sick Worm Bureau Canton.
广州建设厅生丝检查所
所长、蚕丝改良局局长
傅保光。

Mr. Chan Chief of the General Dent.
总务股主任陈倬云。

Mr. M. K. Ryan Advisor.
顾问兼技正莱恩。

The seriplane machine.
黑板机。

An eight-line Reeling machine.
增泽式立缫机。

Sizing machine.
条份机。

Siging machine.
条份织度检查机。

Recording & Matching moths.
蚕蛾交配纪录。

The serigraph machine..
丝力检查机。

Rereeling room.
复缫机。

Weighing room.
称丝机。

Weighing individual cocoon.
单称茧壳及蚕蛹。

Spinning room.
选茧及全称。

财政部印铸局之工作写真

（良友摄影团）

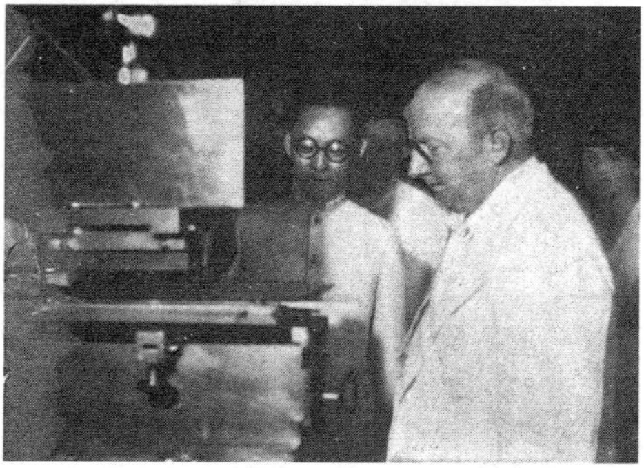

Director Shen and the Amercian Minister who paid a visit to the mint.

铸币情形沈局长与来参观之美公使约翰生。

Mr. Shen, director of the Printing and Minting Bureau of the Ministry of Finance.

财政部印铸局沈局长。

Engraving on steel plates for printing banknotes.

钞票钢版之雕刻，钞票中之精细字母图案系由机器自动砌成，每种票皆有一秘密记号，以便鉴别真伪。

Banknote-printing machine.

钞票印刷机，购自美国，只有政府可以购用。

Engraving on Copperplate.

印铸局中尚附有各种工艺之部，上图系雕铜细工之情形。

Making small bronze statues.

左系塑小铜像之工作。

南京中央广播电台

（良友摄影团）

南京中央广播电台开幕，此台为东亚最大之电台，占世界第三之位置。

The opening ceremony.
开幕典礼之情形（南京中华）。

The guests attending the ceremony.
参加开幕典礼之嘉宾（南京中华）。

The entrance to the Central Radio Station.
电台之大门口（南京中华）。

The interior of the broadcasting station.

广播电台之内部。

The Central Broadcasting Station and its entrance.

广播电台之外观。

雕漆
LAQUER ENGRAVING

Lacquer engraving.
雕漆工作。

Process of lacquer engraving.
漆瓶雕刻之程序。

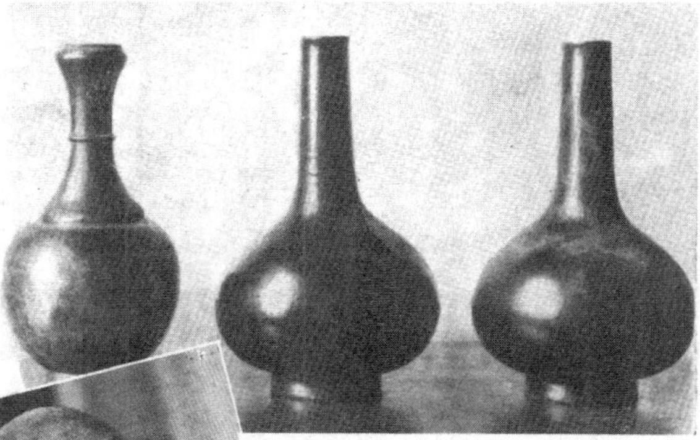

Undecorated vases
未雕之漆瓶。

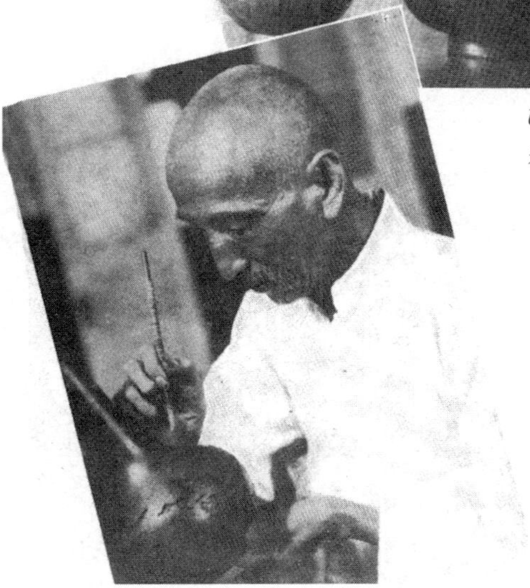

Lacquer engraving.
雕漆工作。

汽油的故事
FROM THE WELL TO THE CAR:THE STORY OF THE PRODUCTION OF PETROL

在许多驾着或用着汽车的人当中，在他们停着车购买几加仑汽油的时候，恐怕没有几个晓得那由唧筒抽到载油缸来的液体出产的故事吧。我们在这里把它介绍，说起采取煤油的程序，是先由地质学家决定某一地点适宜钻井工作后，就架起起重机，装设钻孔器具，然后乃钻采煤油。现在钻煤油井的方法有两种，一种是铁缆或撞击方法，一种是转环方法。前者的煤油井差不多是舂碎地面而成的，后者是用机器把一种坚硬钢管旋转着利铁而钻挖地层，如螺丝锥之钻木孔一样。在数千尺深钻下去的时候，一个冲泥器把碎石冲洗，送到地面。在实验家决定煤油层已钻达时候，一种源头就装置起来，预备煤油喷上时，可以从而节制之，不致像旧法任其滥流喷出。在煤油工厂把煤油经过初次提取手续后，那些天然煤油再运至精练厂。在厂内再经过几次精练与蒸馏制法以至成为纯正汽油。由那里载入特制的载油船运至总发行所。由船入贮油仓后，有的再加添一种物料，制成上等汽油。于是用火车或运油汽车运至各销售处，再分给各汽车房及售油店。最后就是那纯洁精练的汽油入于汽车载油缸，预备给汽车行动的力了。

1. 地质测量寻觅煤油出产地点。

2. 钻煤油井之两种方法。

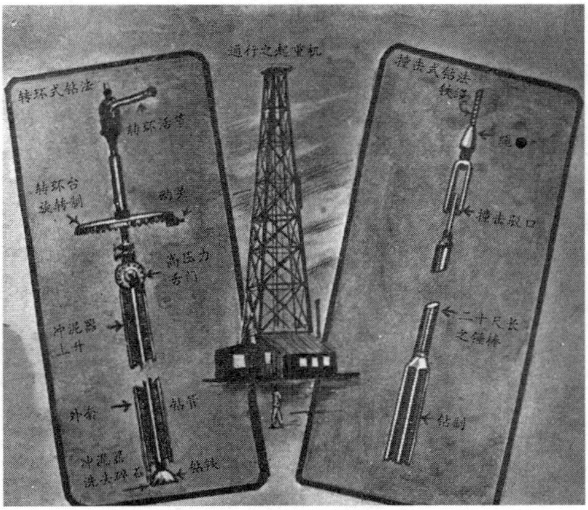

3. 煤油井之解剖圈。

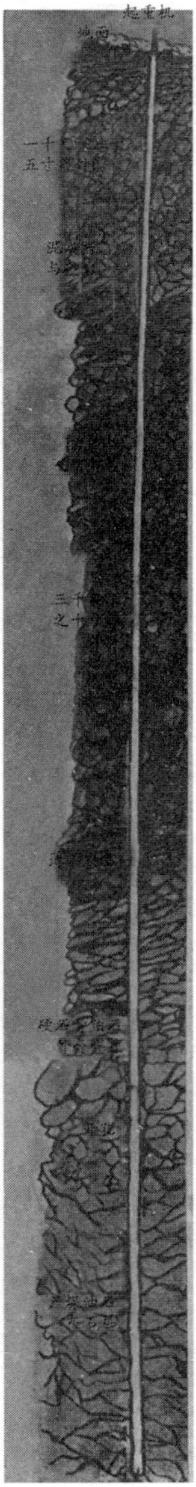

4. 钻及产煤油之位置。

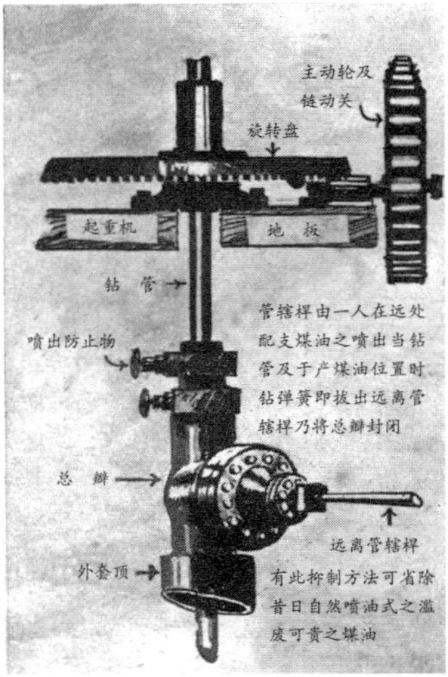

5. 钻孔器具取出后即装设一种流动源头于总瓣上，煤油开始采出，煤油由井经过源头入分离器及油池。

6. 煤油由源头入分离器，将煤气隔清后煤油乃入流动池。

7. 煤油经过流动池为重力或用唧筒抽至总导管。

8. 导管长凡一百四十五里，抽送煤油经过山河、沙漠至阿伯丹制炼厂。

9. 煤油到制炼厂先贮煤油于火油池，然后开始精炼。

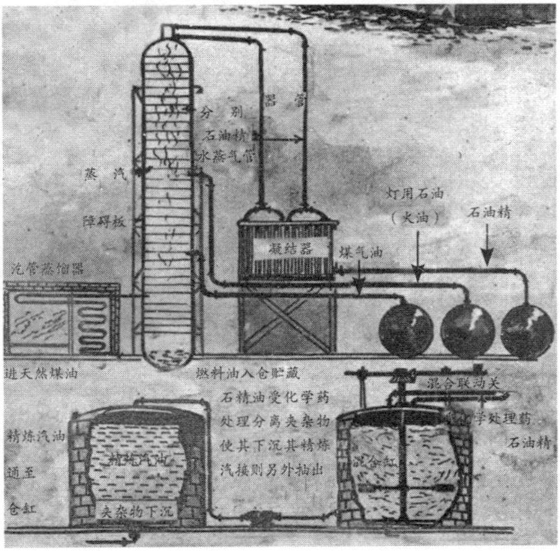

10. 蒸馏：天然煤油入于蒸馏机器，以分别法取得各种煤油材料。

11. 精炼汽油上仓，预备运出。

12. 载汽油船运油至总发行所。

13. 汽油到总发行所由船汲送大汽油缸，上等汽油在此加添一种物料。

15. 最后由汽油店面进入汽车。

14. 上等汽油由总发行所分运各销售所及汽油店。

关于景泰蓝

（艾 艾）

景泰蓝，为一种外镶珐琅工艺。此种工艺，因人向不重视，故讨论此项工艺之书籍，尚属罕见。其所以通称之为景泰蓝者，盖以在明代景泰年间（约在十四世纪）此种工艺最为流行也。

S. W. Bushell 论中国之珐琅质物（即景泰蓝之类），谓中国之珐琅，实来自西方。且为时甚早。其说为论殆景泰蓝之最有系统者。彼引格古要论（一三八七年出版）“大食窑”节所述之：“大食窑制于何地不得而知，其窑器以铜作身，用药烧成五色花，与拂郎嵌相似”之语，谓拂郎嵌云者即今之珐琅，足证珐琅于中国已久流行。

彼又引“陶说”（一七七四出版）中所述，“珐琅即佛郎，一曰发郎，今发蓝也，但实郎拂菻。物理小识有云：‘金银皆有镶嵌累然发郎因佛菻之法也’，谓珐琅为佛菻之讹传。而珐琅则为东方人称罗马之名。故彼断言珐琅之术，系由罗马传来。”

至传来中土时期，据称当在元初忽必烈西侵及欧洲东部之时（约十三世纪），盖当时亚欧交通大开，而珐琅在西方，亦大流行。

故彼断言中国珐琅始于元，盛行于明之景泰。其后清之康熙雍正乾隆更为改进，而达于极盛。是时在欧西珐琅反落后矣。

至论中国各时代之珐琅之优劣，则称明代已花纹显著，装饰繁富，惟细加玩察，则时有微孔。盖手术未臻完善，磨琢未周故也。其后迄清，思弥此缺，乃于火中烧数次，使珐琅质镕流，以补其孔。第又生火力过度，色之光彩略减之病。不过清代之外面，镀金尚厚。故仍极名贵。至于近代此项工艺以无人注意，不知改进，手工日粗，又改用电镀金，遂日趋陋拙。

由此可知中国之珐琅，今日实亦已至于末路，设无艺术家致力于此，从事改良，其结果，必如我国瓷器之于世界中，失去位置矣。

景泰蓝的制作
CLOISONNE MAKING

（魏守忠摄）

景泰蓝为北平手工艺出品之一，每年销行国内外者甚伙，特摄其制造程序，公诸国人，原有志工业者能改良提倡之。

Cloisonne pieces before they are properly designed.
未装花丝之铜胎。

These articles have been properly lined with copper threads.
已装花丝之铜胎。花丝为极细之铜丝扭成各种花纹，用白芨粘于铜胎之上，于铜丝空处涂以各种颜色，因铜丝之相隔而成各种花纹。

After having been burned and colored twice.
每涂色一次，烧炼一次，须四次之涂色烧炼，始告成功，右为涂色烧炼过二次之具。

They have been burned and painted four times.
为涂色烧炼至第四次之具。

Three flower pots having been electro-plating.
经四次之烧炼后，继以磨平镀金工作，左为磨镀好之景泰蓝花瓶。

After burning the copper pots are grinded smooth.
烧完之铜壶，先以错磨平之。

Further grinding by a piece of charcoal.
再以木炭细磨之。

Another process of grinding for the rounded articles.
如系圆物，则以中国旧式之自制机器磨之。

Painting the cloisonne pieces.
涂色工作情形之一。

A copper rod is used for painting different colors.
涂色工作情形之二。涂色时以铜针为之，颜料皆为矿质经火烧过者。

The final touch in the process of painting.
涂色工作情形之三。

酱油之制造
THE NEW PROCESS FOR SOYA BEAN SAUCE

酱油为吾人日常调味必需品，制造新法，人多不知，本志特约魏守忠先生在北平丙寅食料工厂摄得新法制造酱油之照片全套寄来刊登，并附文字说明，以飨读者。

查制造酱油之主要原料，为元豆、小麦，盐与水四种。元豆之种类颇多，通常多用黄豆，以干燥、成熟、皮薄、圆大，光泽良好及碎豆与夹杂物少者为最佳。小麦亦取其大而皮薄者。盐要干燥，纯净而洁白。水则必需经过科学方法之种种试验，一以清洁为主。原料之选择，盖与出品之好坏关系甚大也。

原料选妥后，先用“选麦机”将小麦中混合之砂石杂质剔除净尽，然后放入“转炉”中，用微火炒焦，至黄褐色为度。炒后之麦，再用“碾麦机”碾成碎粒。至于元豆，则先用清水洗净，然后再用温水泡之膨胀，最后则用蒸汽蒸熟之。

制造之法，包括四程程序：一为制麴；二为酱坯；三为生酱油，最后则为成品酱油。制麴需有特建之麴室，每制麴一次，必须将室内及各用具施行消毒工作一次。于麴室与蒸豆处距离之地点，留一宽敞面积，地面多用洋灰或木板铺成，以便随时洗刷。先将蒸熟之元豆运来，堆成四五寸之厚层，用木棍搅拌，至冷度约达摄氏表三四十度为止，然后将炒焦及碾碎之小麦，播撒于元豆堆上，搅拌均匀，此时温度约在三十度左右，再拌上麴子，分别盛以麴匣，置于麴室之内。麴室门窗，立即关闭，室内温度用炭火或蒸气调和其高低，约经七十五小时之久，匣内之物经过化学作用，制麴工作于是完成。

制成之麴，调以盐水，置诸缸内或洋水池中，日以木棍搅拌之，若干日后，渐生甜味，色泽由黄褐而变为黑黄，是乃谓之“酱坯”。“酱坯”之成熟时间，普通非经过十个月以上不可。

“酱坯”成熟后，盛于布袋内，用“榨机”压榨之，流出之液体，是为“生酱油”。

“生酱油”之面上浮有不少豆油，中间夹杂甚多杂质，色索淡而香味低，倘有微菌，更易腐坏，是以新法制造之酱油，必将“生酱油”微微加温，再后澄清数日，然后出售，斯谓之“成品酱油”，至是而制造酱油之程序遂全部告成焉。

The sorting machine that divides wheat from mud, sand and other impurities.
将小麦倾入地下穴中，由机器斗自动运入“选麦机”内，目的在除去麦中一切杂质。

Grinding the roasted grains of wheat into smaller particles.
“炒后之麦”用“碾麦机”碾成大小碎块。

The beans are washed and soaked in warm water until they swell and then heated with steam.
先用清水洗净再用温水泡至膨胀之元豆，最后乃用蒸汽或放在锅内蒸熟之。

Beans, wheat and Chiu (a ferment) are mixed and left aside in boxes to be fermented.
将豆、麦、麴三者搅拌均匀，盛以麴匣，置诸麴室中。

The fermented mixture is then soaked in salt water and has to be stirred daily before sauce-paste is formed.

制成之麴，调以盐水，置诸洋灰池中，日以木棍搅拌之，遂成“酱坯”。

Expressing the juice out of the paste. Raw sauce is formed.

酱坯成熟后，盛以布袋，用一榨酱油机一压榨之，流出之液体，谓之“生酱油”，所余之“酱渣”可作为燃料或饲猪之用。

Sunning the souse paste in open jars.

酱坯制成后，放在缸内，上有铁盖，可保清洁。

Further heating completes the process.

生酱油以火煮温，再复澄清数日，是为“成品酱油”，即可出售。

Bottling.

制成之酱油，装瓶加盖，经久不坏，以之应市。

Mr. Y. T. Fu. General-manager of the Ping Yin Manufactory of Food Products. His assistant manager, Mr.Yin.

下图戴眼镜而立者为北平丙寅食料工厂之创办人兼总经理傅勇慈君，其左为经理邢君。

以下3幅图，为旧法制造酱油之情形一斑：

The old and insanitary way of making soy-bean sauce.

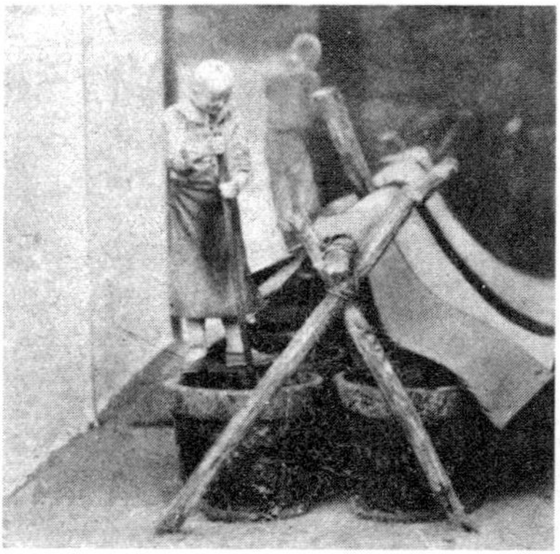

贮放"酱油"之缸上仅盖以芦席，污秽情况可想而知。

将“酱坯”装入术模内，工人用脚踏成块形，置诸架上，室内门窗，用芦席封闭，使之自然生麴。

酱油贮以纸篓，时或重量不足，则于井边加水，味既稀薄，又不卫生。

为丙寅化学酱油最后之手续，装瓶封罐，必施行清毒加盖，新旧对照，优劣自分也。

木炭之制造
CHORCOAL MAKING

Digging a cavity in the earth from 16 to 20 square yards in area and 3 feet deep.
先掘成一个丈许见方，深三尺许之大坑。

The eavity is then filled with chopped pine logs.
填积木材于坑内。

Over the solidly packed cavity, logs of various kinds of wood are piled up in the shape of a mound.

坑上堆盖杂木。

The mound of logs as it looks when completed.

木材满盖坑上，高如小丘。

The mound of logs is next covered with dried grass and a layer of earth.
坑上盖满木材后，再复覆以干草。

A hard layer of clay about one foot thick is laid over the mound.
坑口用黏土凝固之。

On one aide a short chimney is erected.
在坑之后方开一烟突。

On the other side a fireplace is built, in which a fire is kept burning for about four weeks.

坑前辟一小门。稍举火焚之。

The hollowed mound is now filled with the wood from which charcoal is made.

坑稍经用火焚烧后，再满填木材，在坑口点火，俟火既燃，遂将坑口封塞之，由小穴送入空气，如此燃烧四日，便成木炭，最后则并小穴亦封闭之，再放置二三日，以祛其热。

The finished charcoal is packed in grass bales to be sent to market.

木炭既成，从坑内取出，装篓应市。

福建造纸厂之参观
THE FUKLEN PAPER MANUFACTORY

（良友摄影团摄）

The Fukien Paper Manufactory is equipped with the latest paper-making machines from Germany. Bordering on the Min River, plant receives an endless supply of bamboo trees from the upstreams. With a capital of $1,000,000, this factory plans to make news printing papers and other high-quality papers in the near future. Pictures here were taken by the travelling cameramen of the Liang You Company during their National Photographic Tour.

福建造纸厂，设在福州闽江边，为闽省华侨集资创办，资本达一百万元，民国二十一年已开始制纸，厂内设备与机器均为最新式者；制纸之主要原料为该省出产之竹，出品以连史毛边为最大宗。近并拟制造新闻纸及道林纸以应各地需要云。前年本公司摄影团抵达福州，曾往该厂参观，并摄有该厂内部照片全套，兹特刊出，想亦关心吾国造纸工业问题之读者所乐睹者也。

Full view of the Fukien Paper Manufactory.
福建造纸厂全景。

Bamboo, an important material for the Manufacturing of paper.
制纸原料之一——竹。

Rags, another important material for the manufacturing of papers.
制纸原料之二——破布。

The Water Reservoir.
厂内之水塘。

The paper-making machines.
厂内机器之一——洗涤铁。

The paper-making machines.
厂内机器之二。

The paper-making machines.
厂内机器之三。

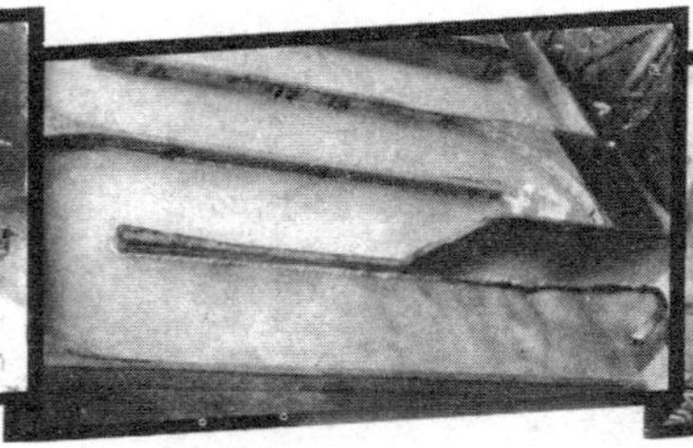

The paper-making machines.
厂内机器之四。

The bamboo pulp.
纸浆流通时情形。

Cutting the Papers into desired sizes.
工人用机器切纸之工作。

Packing.
工人打包之工作。

Ready for the market.
厂中出品之一部。

油漆之制造
THE MANUFACTURE OF VARNISH AND PAINTS

油漆之为物，不啻建筑物及其他用具之化妆品，然其功用不独增加美观，且能保护物体如防锈，防酸及避电等，凡火车，桥梁及普通建筑物皆用之。历来国人所用之漆，皆取之外国，自民国四年以后，国人始有自制之国货出品。本页所刊各照，系摄自上海开林油漆公司，该公司创立于民国四年，复于民国二十年大加扩充，建造新厂，内部设备皆欧美新式之机器，每日出品达数千桶，为国人自办之油漆公司中规模最大者。查我国油漆出品，近年销场仅限于华南一隅，至华北及南洋各地，已为日本之倾销政策所夺去，此亦国人所不可不加以注意者也。

General scene of the Kailum Paint & Varnish Manufactory.
开林公司制造厂全景。

The large oil tanks.
首将生油储入油桶中。

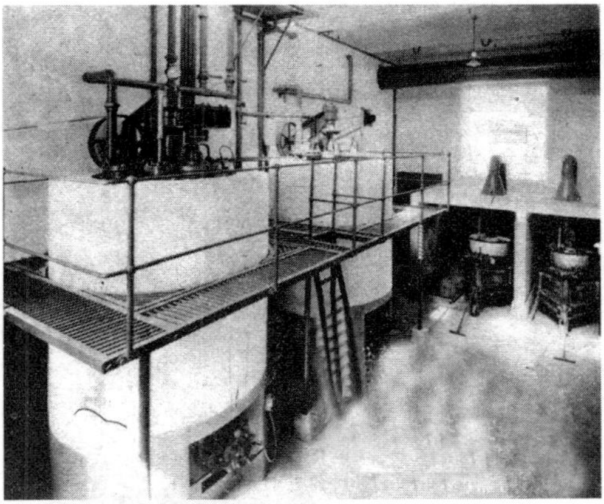

The oil beater.
生油从木桶流入炼油炉内，下为柴油机，此时调入漂白药料，将油炼成乳白色。

Oil under-going clarification.
漂白之油流入滤油机中，将杂质滤去净尽。

The Paste Mixer with which oil and white lead powder, in thoroughly agitated.
将纯净油加入百分之九十白粉，用机器研混之。

The paste formed.

油分约经一小时之研磨，自三筒机内流出，乃成为各色之厚漆。

Tins of paint for market.

厚漆装入罐内，即以应市出售。

Stones pieces which contain abstestine, silicate are to be crushed into powder form.

石子——为制白粉之原料。

Crushing the stones.
将石子研碎成粉，放入大漂池中。

The stone powder after being washed in the large tanks are mixed with oil for the formation of thick paint.
石粉在漂池内漂洗，其细净者置诸烘房烘干，混为纯净油而成厚漆；其粗者则再放入研粉机研磨之。

Resin, the chief material for the varnish.
松香——为制“凡立水”之原料。

Cooling the solution after being heated to 300 degrees.
将松香混入纯净油内，用蒸炉煮之，使其溶合，约至三百度热力为止。

Dissolving the resinous matter with oil.
油煮好后，将炉拉出，用吸气管使油变冷。

Varnish these formed by mixing the solution with turpentine.
待油冷后，再加矿物松节油，乃成“凡立水”，以供普通油漆面层之用，可使物光亮美观，如将此水调入厚漆内，则成为使用有光混合漆。

Lend is heated to form Red Oxide of Lend (Pb.0.) which helps to make rust proof paint.

将铅放入制炼铅炉内烧溶之，变成铅养，再置于研炉内研至极细，然后放入炼炉烘之，遂成铅丹，以铅丹调入漆内，则成"防锈漆"，常供五金器第一层漆面之用。

The furnace that turns lead into Pb3Or4.

烧炼铅丹之情形。

银幕上活动墨水画之绘制
THE MAKING OF MOVIE CARTOONS

（陈嘉震摄于明星影片公司）

活动墨水画之绘制程序：

To make sure of certain expression of movements, a model is sometimes necessary.

剧本主角——蛙的动作姿势之创造及写生。

The theme of the play-"The Mouse and the Frog".

活动墨水画剧本——鼠与蛙。

Conference of artists before the work proceeds.

剧本分幕及增删之讨论会。

The work begins.
主绘者按照剧本情节分段绘写画稿。

The first draft of the picture.
动作写生之草图。

Inking.
就动作写生草图上钩写准确的黑线。

The final outline.
黑线钩准后之画片。

Handed over to the assistant artists for coloring.
画片勾绘黑线后交给助手加填黑白灰诸色。

A part of the 12,000 pictures which completes the play.
完成画片之一部（全剧完成约一万二千余张）。

The picture as it would appear on the screen.
黑白灰诸色填好后之画片。

One of the machines for photographing.
活动墨水画摄影机械之一。

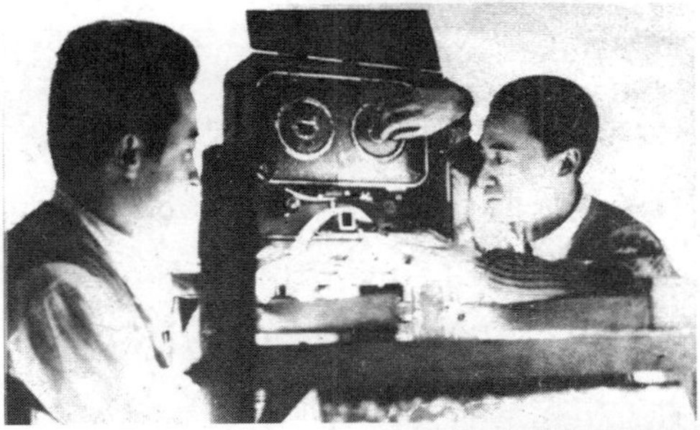

Filling the camera with nagative reels.
装上底片预备拍摄已绘成之画片。

Photoing the pictures one by one.
活动墨水画片之拍摄情形。

The reel ready for the screen.
摄制完成之活动墨水画片。

万氏绘制活动墨水画经过谈

（万籁鸣　万古蟾　万超尘　万涤寰述）

活动墨水画（Cartoon），是用墨水钢笔画了无数张有连续性的滑稽画，用特制的机械和摄影机摄成。大概一尺影片，无声的要画十六张，有声的画廿四张。无声活动墨水画片，每部约长八百尺，这样画稿总在一万二千余张之数了。

在七八年前，我们兄弟四人虽然都是美术从业员，有的是任美专教师，有的是任商务印书馆图画编辑，但是常常在电影上看见（out the ink well）钢笔墨水画片（墨斯福热雪兄弟所作），一个像马戏场上丑角装束的人，从墨水瓶里跳出来，作出种种滑稽的表情，引得观众捧腹大笑，演毕又跳进墨水瓶里去。我们见了这种画片，都很感觉到兴味，于是逐渐被这种浓厚的趣味所引诱，结果生出创造中国活动墨水画片的动机来。但那时对于这种画片的制法根本不大明了，并且一时没有可靠的参考书籍或是其他的材料，我们在空闲的时候就讨论这问题。不久我们兄弟当中，有两个特为此事投身在电影界工作，从此对于电影摄制法与电影上一切常识渐渐熟悉。就在这时我们集议写就了一个墨水画剧本和绘写摄制的方法计划书向某影片公司主事者接洽。承他们很热心地接受了我们的计划，这样我们便开始从事于活动墨水画的工作。

我们第一部片子的成绩自己感到不大满意，那是一部以“大闹画室”为题材的剧本。片子里有一段前面画着两个丑角打架，后面的背景是板壁，壁上挂着一个钟，下面画了些桌子椅子一类的东西。放映时我们发现了前面两个丑角虽是在表现打架，但动作并不像真而紧张，而相反地，后面的桌椅板壁的线条却震动得非常起劲，结果是出乎我们意料之外的：该动的地方不动，不该动的地方偏动。我们发现了这个弱点以后，当时经过了多少月时间的研究，这样无意中发现了一个矫正上述毛病的方法出来——那就是影片上的复印法。

中国的电影事业没有外国那样的发达，所以中国的活动墨水画片只有我们兄弟及助手十数人在那里工作，已经摄制放映的片子仅十余部，兹将名称开列于后：

长城公司出品（大闹画室）

大中华公司出品（纸人捣乱记）

联华公司出品（狗侦探）（精诚团结）（龟兔赛跑）（蝗虫与蚂蚁）（血钱）（同胞速醒）

明星公司出品（神秘小侦探）（航空救国）（新潮）（漏洞）

（民族痛史）（飞来祸）得内政教育两部奖状

活动墨水画片的演员，说起来却好笑，他们是永远不拿薪水的。画家无论叫他作怎样为难的表演，他们绝不会反抗命令。至于他们的本领便更伟大了：有孙大圣七十二变的能力，升天入地，不当一回事，不费吹灰之力而飞渡大西洋，并能将整个的地球握在手中。你想，这些工作人类的演员能够办到吗？

活动墨水画片，不单是作喜剧用，各国教育家并且利用它的方法来作宣传科学的利器。中国的活动墨水画尚在幼稚时期，我们兄弟几人努力的成绩更是渺少得可以；但是我们并不灰心，更不敢懈怠，我们的成功日子，盼望在于将来，希望各界人士赐予我们指导和赞助！

牙刷之制造
THE MAKING OF TOOTHBRUSHES

（蔡宗耀摄）

我国制造牙刷，向用手工，近年海上机制牙刷厂之设立渐多，兹刊各图为第一牌机制牙刷厂工作情形。

Cutting away the two ends of ox bones so that only the middle portion is left for use.
定长：——将牛骨割截头尾，只留中部，并整齐之，使长短一律。

The bones are cut into sticks of desired sizes.
剖骨：——将完整之牛骨剖成板形。

The sticks are then passed through a grinder until they get a smooth surface.
磨板：——将骨板磨成刷柄。

Drilling a number of small holes to which the bristles are fixed.
平孔：——在刷柄壁上植毛上孔。

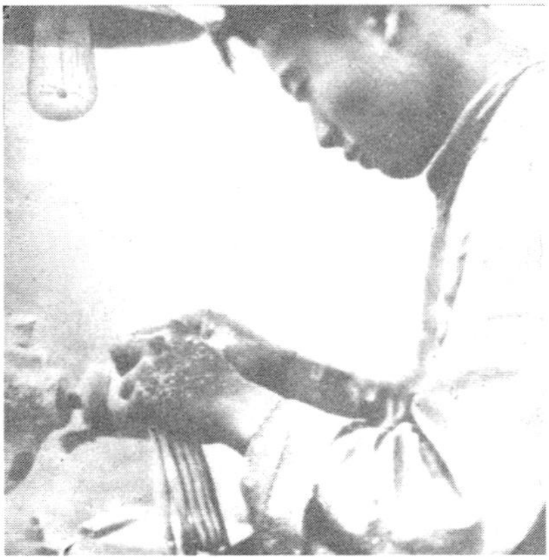

Forming the stems into different shapes.
磨头：——磨刷板头，使成各种式样。

Drilling a hole at one end of the brush for the passage of needle and thread.

立孔：——在刷板头通一小孔，以作穿暗线刷之用。

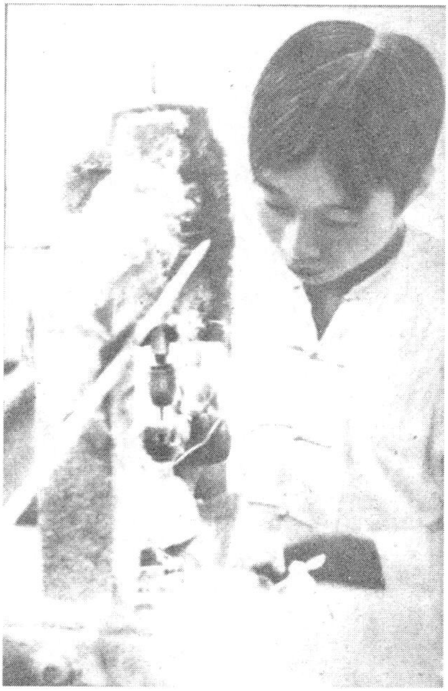

Another hole is drilled at the end of the stem for hanging.

打尾孔：——在板尾打一小孔，以作悬挂之用。

Cutting grooves on the back of the brush to give the remaining water an easy flow.

开槽：——在刷背开槽，以泄积水。

Bleaching.

撞光：——刷板漂白后，用药料纳入圆桶内滚撞，使其发生光泽。

The bristles after being fixed on the stem are cropped into curves.

剪毛：——植毛后，将毛剪成各种弯形。

Passing every brush under ultra-violet rays for disinfection.

消毒：——用紫外线消毒后，全部工作完成，运销市上。

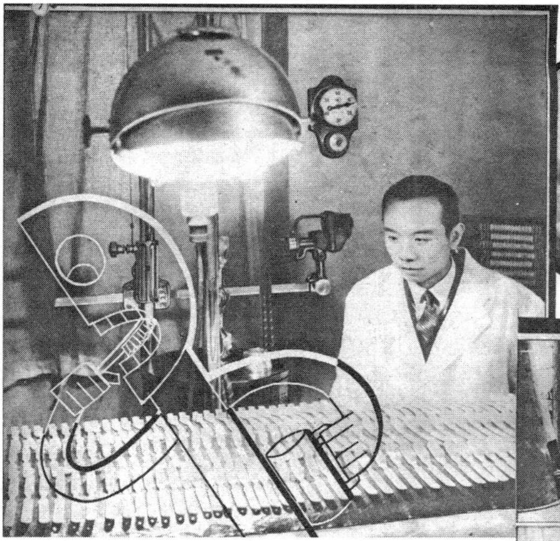

And then cut a zigzag surface.

右上：剪样毛：——将刷毛剪成长短参差之各种式样。

Stamping.

右中：打印：——在刷柄上打盖商标牌号印记。

Polishing.

右下：抛光：——将刷柄抛光，使其光亮。

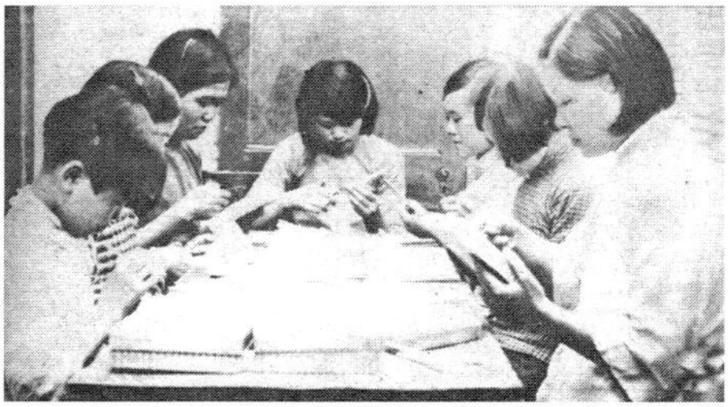

Trimming.

整理：——将刷头剪成尖笔突出之状，其不整齐之毛则剔去之。

汽水之制造
THE MANUFACTURE OF MINERAL WATER

（本志记者陈嘉震摄）

夏季的恩物

夏天是扇的季节，是冰淇淋的季节，是汽水的季节。

汽水，它站在饮冰室的圆桌上，它挂在戏院里的白衣仆欧的身上，它躲在人家的冰箱里，在夏天，它是人们的恩物。

喝汽水喝了许多年，然而汽水是怎样成的？因此，我们便到屈臣氏汽水厂去探个明白。

但凡喝过多年的汽水的，对于“屈臣氏”三个字，恐怕都不会觉得陌生吧。九十年前，在我们的父亲或祖父还未到世间来之前，它便在中国创立了。一直到一九一九年，这便是说，在十五年以前，本来是外国人资本的屈臣氏便转到中国人的手里。

现在，名字虽仍旧是外国式的“屈臣氏”，事实却是中国人经营的。

在厂里的办事处会见了总经理郭唯一先生，喝下了半杯可口可乐，我们起始去探求汽水的来源。

第一个部分是把自来水通进，经了三次的沙滤，再转到紫光箱，受过紫光的消毒，然后转入贮水的大柜里，这些已经滤过和消毒过的水，便由此又流进调味的室里。里面是调着糖和果露，经过仔细的滤隔，那些带有香味和甜味的液质便由管流到下面的厂里。

下面的工厂是一个最有兴味的地方。机器分着四五行列的并排着。每一行机器的形式和工作人员的秩序都是同样的，所不同的地方，便是香味的分别。譬如，第一行是柠檬水的，第二行是沙示的，第三行是橘子的等等。另外的一角，那里的机器是在制造那些汽水中的最重要的“汽”——小苏打粉等和水混成的炭养气，并从管子输入香甜的水里。

现在让我们把一行的机器工作为例罢。一条长长的机器最先是把用清水洗过的瓶子搬进去，里面是一百三十度的沸水，经过了四分钟的洗涤，瓶自己跑了出来，再用消毒过的沙滤水把瓶内用毛刷洗净，瓶内洗完，再翻过来把外面瓶底也洗净了，接着便是放入汽水，另一机器马上便把瓶口封了铁盖。这样，一瓶汽水的工作是完成了。可是，这一瓶汽水未必就发售出来的。因为瓶口封盖之后，贴招牌纸和装箱之前，其中有两个熟练的技师把每瓶倒过来朝着灯光细看，稍为有点不妥的便把它扔了不要。（怎样才是不妥，我们是看不懂的。）据说这样每天装好了又倒去不要的，占全天出品总量的百分之二左右。现在每天可出六万瓶，这便是说，倒弃了的每天有一千二百瓶。我们看来，是觉得多么非常可惜啊？

这，便是一瓶汽水的来源，从清水变成香甜的汽水所经的程序。知道了它的成因，你觉得更有兴味一点吗，当你喝汽水的时候？

Out for the market.
以汽车运货供给全市用户。

机器打压瓶盖情形。

Filling the bottles.
装贮汽水情形。

Packing.
多量之出产。

The refrigerating room.
制冰之工场。

48 hours later.
水受冷气四十八小时后凝成冰块。

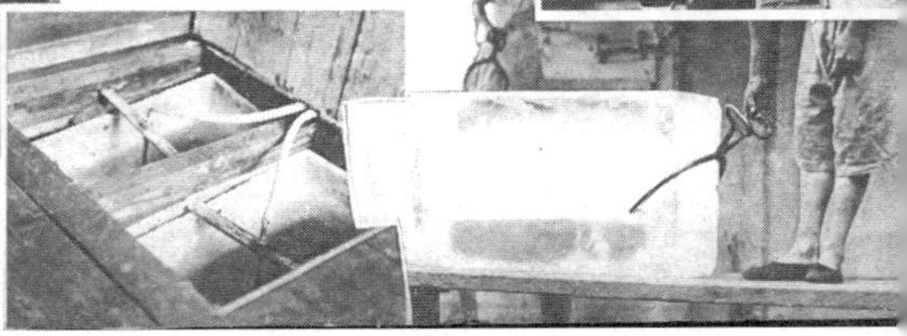

Clean water being kept in underground lanks to be frozen into the blocks.
地板下各箱满贮清水，以冷气机打入冷气，为制冰之初步工作。

The water gradually getting solidified.
水受冷气渐次凝冻之影。

The bottle washing machine.
洗瓶机之一。

The Watson's Mineral Water Company.
屈臣氏汽水厂前门。

Pure distilled water after passing throngh the ultra violet ray is pumped to the reservoir.
蒸汽水经过蒸汽机再至紫光箱消毒而达贮水柜情形。

Impregnating the water with saline and gaseous substances.
制"汽"之机器。

Right: Mr. F. J. Kuo, manager of the company,left: Mr. K. L. Ma, editor of this magazine.
编者马国亮与屈臣氏汽水厂总经理郭唯一先生合影。

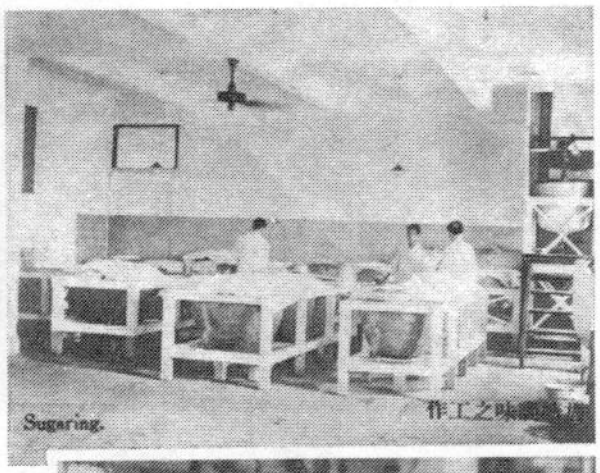

Sugaring.
调味之工作。

For disinfection every empty bottle is kept for 4 minutes in the boiling water of 130°C.
空瓶以一百三十度沸水煮洗经四分钟然后取用。

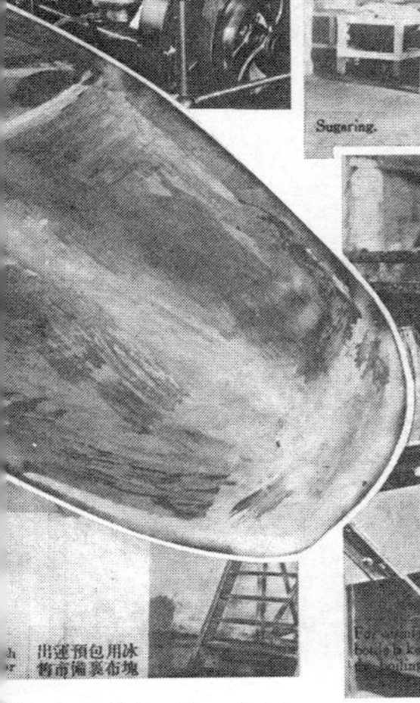

locks of ice in cloth rappers for the market.
K块用布包裹预备
运市出售。

飞机之制造
THE MANUFACTURE OF AIR-PLANES

Workman attending to a dozen wood-boards which are adhered to one another and tightly compressed before being made into one strong and durable propeller.
制造飞机螺旋架，先将木块用胶粘合。

Attaching the motor to the fuselage.
装置发动机。

The wood shop.
木械全部。

Wing ribs in the making.
制造翼骨。

The completed skeletons of wings.
造妥之机翼骨架。

The work shop for accessories.
制造机身钢铁零件。

Installing the gasoline tank.
汽油箱之装置。

Electro-welding.
焊接机身铜管。

Painting the fuselage.
机身喷漆。

Plane "Yang Cheng 55" when completed.
完成之侦察机羊城第五号。

Officials in charge of the Kwangtung Air-craft Plant.
广东飞机工厂全体员兵合影，×厂长梅龙安，○木械长李槐，△机械长陆民基。

军用飞机制造之程序

The British Air Ministry outlines its requirements for a new type of aircraft.
英国军部航空署筹划一种新式飞机，发出机身各部细目，公开投标设计。

Individual designing firms next draw up their proposals.
国内各飞机工厂按投标方法，贡献所设计之图样。

3,000 detailed drawing for each new plane.
飞机图样多至数千种，由航空署选择其优者授予制造权利。

Tests of scale models are made in the wind tunnel to check predictions of performance.
照图样而制造之飞机模型，放入漏风管内以试验抵抗力。

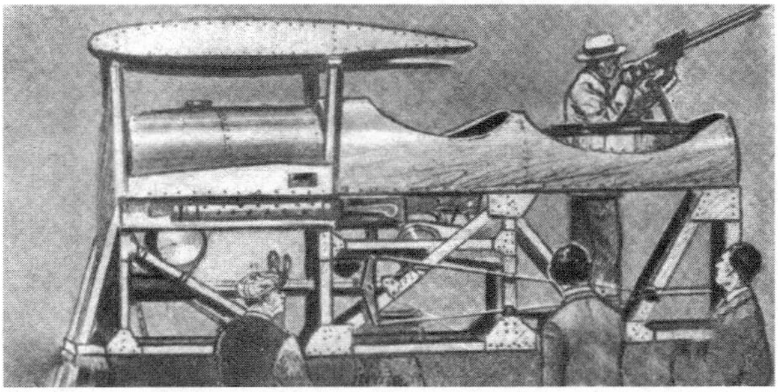

Each constructing firm prepares a "mock-up" made of wood and card-board.
图样既已选定，由制造厂设备"假定飞机"，以纸皮及木板构造，以为将来正式制造时之样本。

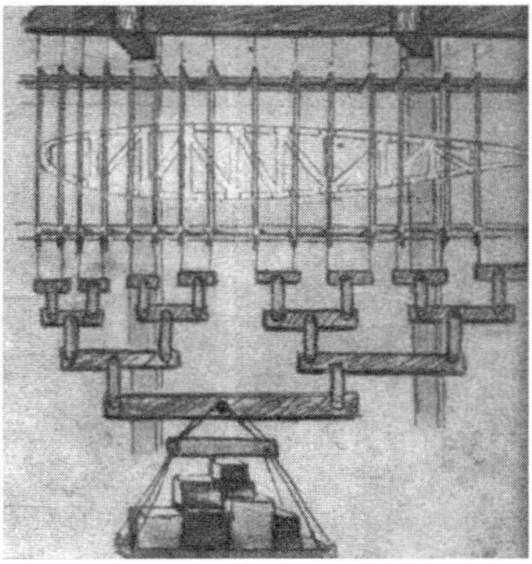

Before construction is finally undertaken, specimen members, spars, ribs, tec., are tested to destruction.
机身所需材料，均经重压试验，证其实在可靠。

Jibs, tools and components collected for the commencement of construction.

机身零件及机器用具等，皆已分别造妥齐集，预备装置。

Now comes the general assembly of the many parts into the completed aircraft, every part being subject to scrutiny by the aeronautical inspection department.

飞机各部之装置，由航空署派员监督工作。

The aircraft is next subjected to the contractors, trials.

制造成功之飞机，由驾驶员试验飞行。

Determining the center of gravity.

飞机中心点之测验。

On the satisfactory conclusion of its trial flights, the contractor hands the new aircraft over for use with a service squadron.

飞行试验时，如无流弊发生，制造厂即将此机为其投标所决定之飞机。

If the design is selected for use a development order is placed for a number of these machines for intensive use by an R. A. F. squadron.

航空署既选定所欲构造之飞机，由制造厂建造若干架，以供需要。

油与盐

（刘立三　陈宜雨摄）

海盐之制取

盐为食料中重要之一物，计有海盐井盐岩盐等数种；我们申江平常所食者大部分为海盐，产于两淮及浙江沿海一带，其制取之方法，先把海滩上之白地刹平，潮涨时使浸于海水内，再晒干，此泥约含盐成分在百分之二十左右，再掘起置于高台内，所谓高台者，以泥土堆成较海滩约高三尺之土堆，以防海潮之浸没，旁边掘一井；干土放入后，加入海水若干，使盐分完全溶解，经过粗土之过滤，使含盐之液流于旁边之井内，约数天后，用器皿吊起，由牛车或人力挑运过海塘，每日清早起置于水制之盐板内曝在烈日下蒸发，水分蒸干后即成白色之立方形晶体，就是普通所用之食盐，由此法制取者，质料纯洁为天然产盐中之最佳者，每年产量颇巨，单浙江一带所产闻价值在数千万元以上，惜均用人工制取，若能用科学方法制取，其产量当不止此数而品质亦必较优也。

Earth under constant washing by tidal salt waters gradually becomes white in color.

高台及井口，前面白色之泥土，即含盐分之潮泥。

Lifting salt water from wells.

由井内吊取盐露。

Ox-cart with a tank containing salt water.

运盐之牛车。

Sunshine completes the process. White particles on the wooden boards are pure salt ready for the market.
盐板内白色者即已成之盐，收拾之后，即可运往盐商出售。

香油之制造

香油为日常烹饪调和菜肴之必需妙品，其制造法系用芝麻炒熟，经过磨扽等手续后，始乃出油，每斗芝麻约重十八九斤，可出油八九斤，所余之渣滓，可作肥料之用，本志前曾刊过酱油之制造各图，今又将香油之制造程序摄影刊出，想为读者所乐知也。

Cleaning the sesame grains from all impurities.
淘洗芝麻，去其沙土杂质。

Sesame grains are then placed in a hot oven, and completely stirred till they assume a brown darkish color.

淘净之芝麻，淋去水后，入锅炒热，时时翻搅之，至黑褐色为度。

Grinding hot sesame, until a thick paste is formed.

将熟芝麻上磨，研之成酱，下以锅盛之。

The paste is then diluted to a suitable thickness.

制成之酱，加入适量之热水，以棍搅拌匀和。

By stirring the liquid with a heavy ball-headed stick, sesame oil is gradually formed.
酱既和为浓稀适度后，用大葫芦慢慢扽压之，油乃渐出。

Storing the sesame in earthen jars.
提油入瓮贮存，以备出售。

Off at last for the market.
手车推运应市。

天然瓦斯灯之制造
TURNING USELESS REFUSE INTO USEFUL GAS

（舒少南摄）

By burying refuse of other decaying organic matter in a specially constructed pit, a combustible natural-gas can be formed. The gas is conveyed to houses through pipes and may be transformed into either light or heat. The pit once installed needs no further attention for years other than the regular feeding at definite intervals of waste matter or anything containing carbon and hydrogen in combined form. A very economical device for inland villages or large families.

Gas lamp manufactured by the Hankow Natural-Gas company.

汉口天然瓦斯灯厂所造之瓦斯灯。此为圆形灯之一种，现计每日可出三四十件，将来扩充，预计每日可出三四百件。

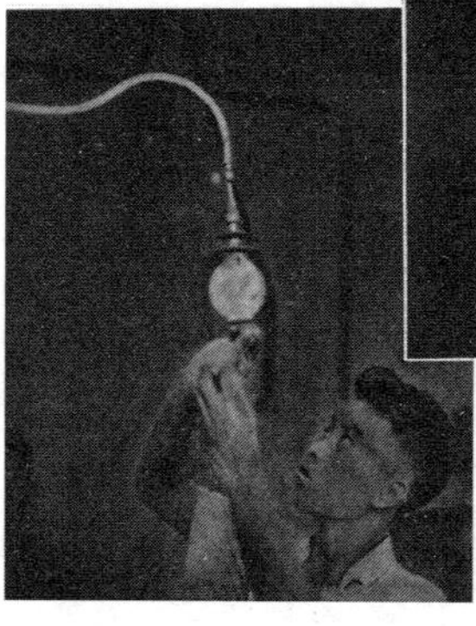

Like Bunsen burner, the natural-gas lamp can be lit easily with a match.

火柴一根，燃烧瓦斯，其光亮与油灯相似，今由政府化验证明，全无毒质，将来预备推广至全国民间应用。

Different parts of the national-gas lamp being assembled by experts.

灯头零件造成后由技师装配之情形，现该厂技术人员不够分派，特设一瓦斯灯技术研究所，招收学生，为将来扩充之需要。

The natural-gas cooker.

用瓦斯炉煮饭烧水，简单便利，且无烟无臭，毫无危险，而所占位置甚小，适宜小家庭应用。

Gas-pipes in the making.

瓦斯气管之制造，此种气管先用重压力拉成长管后，再以电焊成各种形式。

Fixing the glass bulbs to the end of the gas pipe.
配装灯罩之情形，瓦斯灯火焰强烈，故需一灯罩盖之，以免伤害眼力。

Mechanics attending to different machines that turn out different parts of the gas-lamp.
机器技师制造各种灯头零件，每件尺寸均需依照规定大小而成，以免配装时各不相合。

Making gas valves.
灯头上开关之制造，此种机件多来自外国，今由国人经营，挽回漏卮不少。

汉口瓦斯灯厂

（少　南）

最近我国科学进步，研究有机化学，利用废物发生之天然瓦斯，就是一种气体。它的发生，不用机器，不用人工，只借一种科学方法制造的库，将废物放进去，再加药料一次，使起化学之变化，以后就不要药，便可继续产生瓦斯。点灯煮饭，供用无穷。不论住宅之内外，掘一深约六尺之坑，用水泥，青砖，石子黄沙等物即可筑成，所以十分坚固。然后用铅管橡皮管引至屋内，以供点灯燃炉之用。无论山间僻地，均可装置。库造成了，要时时放进原料，原料可用容易腐化的废物，如各种蔬菜根叶，腐败果实，粥饭残渣，酒糟豆腐，米糠嫩草，人类尿粪，污泥臭水，牛马猪羊，及各种动物之排泄物，这就是“瓦斯”应用的原料。今夏汉市有张明伦等，发起倡办“天然瓦斯灯厂”，现已初具规模，每日出品约三四十件，计有瓦斯灯，瓦斯炉，瓦斯熨斗等，现正计划扩大工厂，订购新机件，预计将来每日出品三四百件以上。而该厂技术人员不够分配，特设一瓦斯灯技术研究所，招收学生，为将来扩充之需要。天然瓦斯，业经呈请政府备案注册，又经上海市工业试验所，化验证明，全无毒质，热度达五百四十六度，点灯与自来火气油灯光亮相似，火焰强烈，煮饭烧水，顷刻立就，无烟无臭，毫无危险，安全便利。记者特往参观，并摄影数帧，为国人自办之新兴工业之介绍。尚望该厂努力经营，发展瓦斯事业，抵制外来煤油，或能辅漏卮于万一也。

糖的制造
CANE SUGAR

（黄剑豪摄）

With the aim to supplant the import of foreign sugar, the Kwangtung Provincial Government plans to start five large-scale sugar producing regions with up-to-date factories for turning out refined sugar. Illustrations on this page show the modern process of sugar refining as employed by the First Factory. This factory with its sugar-cane plantation of 400 mows has the capacity of 108 tons of cane sugar in 24 hours. It is calculated that when the sugar producing plan is fully carried out, the Production of sugar in the province of Kwangtung alone will answer the demand of whole China.

蔗为糖之原料，糖量多少，视蔗为衡，故欲营造糖业，须先挑选优良蔗种。粤当局于年前派员赴菲律滨考察糖业，搜集优良蔗种凡五十二种，皆世界公认为最良之蔗苗，经设法蕃殖，以黄埔永安围为蔗种蕃殖场，面积四百余亩。查粤当局以洋糖输入，每年达三千万元，漏卮极钜，为挽回利权，复兴广东糖业起见，决于本省适宜蔗糖营造区域，设五处蔗糖营造区。最近广州区第一蔗糖营造厂，现已兴工制糖，该厂位于番禺市头，厂之面积广大，为目前全省工厂冠。厂之内容，全部机件值二百七十九万二千四百元，另厂之建筑费五十三万余元。现每日共榨蔗约一千五百吨，制糖约一百八十吨，预计全省蔗糖营造区五处完成，其出糖总额足供全国采用，此为粤当局三年施政计划实现之要端。

The First Kwangtung Sugar Refining Factory.

广东第一蔗糖营造场之烟囱，亦为粤省工厂最大之烟囱。

广东第一蔗糖营造场全图，该厂位于番禺市，面积之大，为全省工厂之冠。

农民收获蔗后，运赴蔗糖营造场。

先磅蔗之重量然后下槽。

蔗经磅后，送至榕槽处。

压蔗机将蔗榨干，每日可榨蔗约一千五百吨。

蔗经榨后，糖液由槽输送至蒸汽机。

糖液经蒸后，尝试糖味。

糖液试味后，转贮糖缸。

糖液炼后，即成白糖。

蔗渣滓可作燃料，或肥料之用。

成糖后，放入麻包，即可出售。

糖包存贮糖仓，待运各地，预料将来出量，可供给全国。

有声卡通之配音法：骆驼献舞
THE FIRST CHINESE SOUND CARTOON

有声漫画影片，外国如米老鼠等早已摄制，大受各国之欢迎，我国之漫画影片，数年来明星公司万氏籁鸣，古蟾，超尘，涤寰等兄弟之努力，已卓有成绩，先后制成十数部，惟惜皆系无声片，致未能与国外出品媲美。最近万氏兄弟复积极研究有声漫画之制作，卒告成功。其第一部已公映者为“骆驼献舞”，全部有声，成绩极佳，本志特商得明星公司及万氏兄弟同意，将配音情形拍摄刊登于此，以飨读者。

The sound track which keeps exact record of the sound waves.

有声之制造，其声音乃发自影片上之声带，此声带在普通影片之左面，乃系配制声音时另行收摄之一张影片。

The cartoons after being photographed on the reel, which leaves a blank margin for the sound track.

卡通戏片之本部亦系另行摄拍，每一张卡通图画即成一个镜头，此时声音尚未加于片身上，故此时之卡通戏片之左面留空白处，即预备声带地位。

The sound track is then properly adjusted to the corresponding parts of the picture.

有声电影声带之底片与卡通戏片之底片合印即成有声卡通。在戏院放映时，观众只见卡通戏片之本部，所听得之声音则由声带放出。

The sound of falling wine-bottles is reproduced by beats on the "wooden fish".

骆驼大闹舞场中瓷瓶掷出卜卜声音，即系此物所制造者。

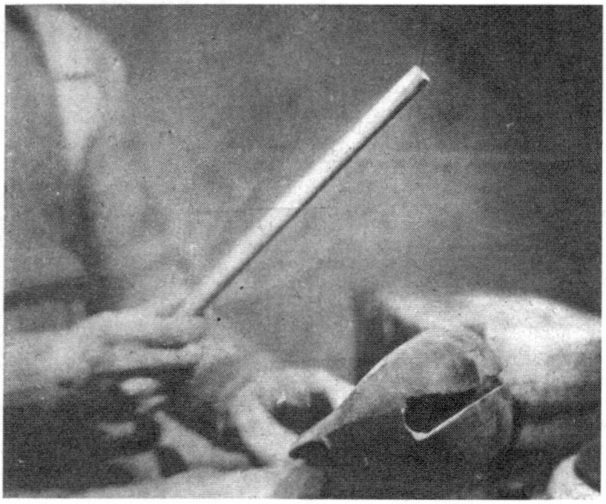

It is men who do the laughing and yelling for the animals.

卡通片笑声之由来，观此图当知笑声乃是人笑声，非兽笑声也。

It falls into the river beneath the bridge.

使观众感觉落水声之滑稽，乃用此法制造声音。

The elephant drinks and man blows into a glass water.

象吸水声之制造，用一根空心管吹水成声。

The swift and graceful action of a somersault is well described by a short thrilling tune of the flute.
翻斛斗时之神情，用轻尖笛声形容之。

Beats on the drum marks the footsteps of a dancing cock.
卡通片形容走路声音，以两槌一上一下敲鼓成之。

Dropping rice into a water basin produces the sound of dripping water.
喷水之声音制造，乃用米撒在铜锣上。

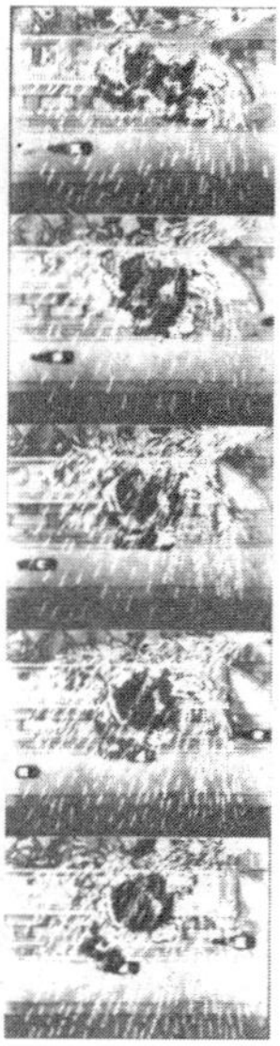

When the lion does the singing, the real singer has to use the coarsest voice he can make.
形容狮王唱歌，实系人口中自唱自做也。

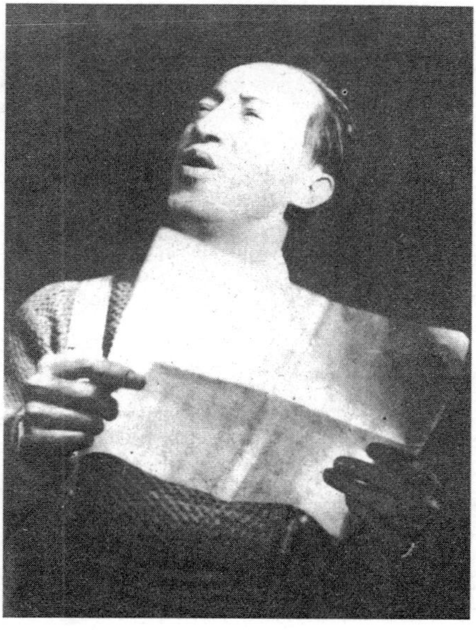

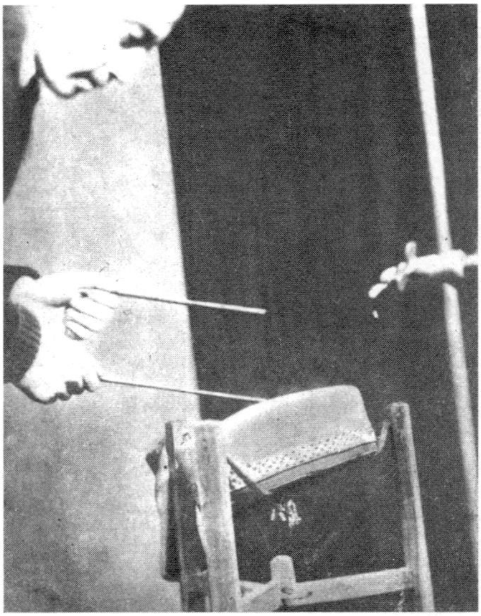

With great accuracy this "Hard-leather" drum marks time for the dancer in the picture.

击鼓冬冬，即为片中跳舞声。

The sound of clinking bottles, And there are, in fact, two bottles Rnocking at each other.

碰瓷瓶声并非假造，确系用两瓷瓶摩擦相碰之声。

制豆腐
HOW BEAN CURDS ARE MADE

（刘立三）

豆腐为最普遍之佐餐食品，取其滋养既佳，价值又廉，烧之煮之，煎之渍之，任何食法，无不相宜。且为一般农村之副业，因制法简易，成本低微。其酿造，用纯净之黄豆，经过磨研过滤煮熟，未滴卤水时，饮用极佳，是谓豆汁，所含滋养之成分最富。若加卤水后，则凝结再包压成块，始为豆腐。每斗黄豆可出豆腐一百四五十块，约有三四十斤之谱。每块重四五两，售铜元四枚。亦有论斤买者，每斤售铜元十六枚。其渣滓加以花椒茴香大料等类之面，搀入小米或高粱糙内，蒸饼饵窝窝头之属，食之松软可口。具有特殊之风味，且可节省米粮，或单用以饲猪。可谓一物之微，而无偏废也。

The beans are then soaked in clean water and finely ground in millstones.

已碎之豆瓣，放盆内加清水浸润一宿后，上磨研之，此种磨豆法为旧式者，现新法用电机磨豆，手续简捷，且生产量比旧法倍增。

Boring the bean by picking away all the decaying particles.

豆腐酿造之先，捡选黄豆，去其次劣及杂质等后，将纯净者上磨破碎之，并舂去其皮。

Into the bean paste is added a little cottonseed oil. The mixture is then to be thoroughly stirred.

磨毕用勺盛棉籽油，熬热加木炭灰少许，乘其燃烧时，倾入锅中，以杀去其泡沫，再加热水以调稀之。

Squeezing out the juice, called bean milk, from the bag containing bean paste.
调好之原质，装入细密之布袋内，滤出其精液，而去其渣滓，可作田料及用以饲猪。

The bean milk after being boiled is mixed with a handful of salt and left to solidify.
过滤后举火煮之，待热酌量滴入少许之卤水，始能渐次凝结。

Pouring the contents into a rectangular mould. After hardpressing, the cake of bean curd is formed.

视其全体呈有块粒之状时，掏出倾入特制四面有漏孔之长方木模型，其底内先铺以宽大粗疏之棉布，用以包裹紧密，上置重物压出其水分后，乃平整坚实告成。

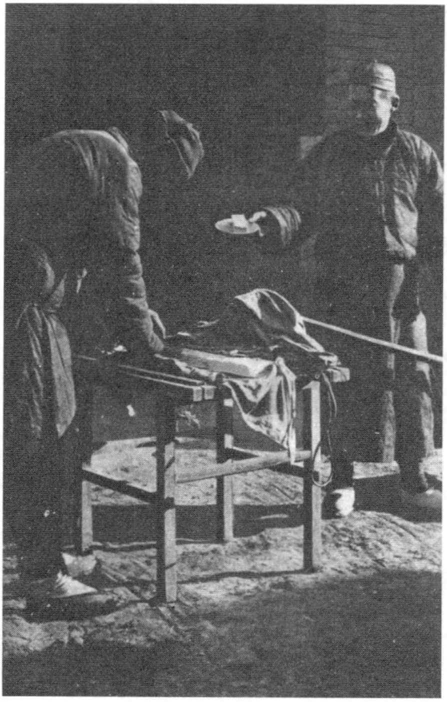

Now for the market.

将整块之豆腐置架上，肩挑应市，随时切开出售。

电影 · 从编剧至放映
THE MAKING OF A MOVING PICTURE

"Which story we are going to adopt for the film?" is an important problem for every motion picture producer. Many discussion meetings have to be held before the story is filmed.

拍摄影片最重要者为电影剧本，此工作先由编剧人担任，再由多人参考意见审查，图为联华影业公司剧本审查会人员讨论剧本情形。

Then models have to be constructed for different scenes.

剧本既定，由中央党部电影股审核通过后，发交各部进行摄拍事务，此为布景师按照剧本所定，先制模型为布景参考。

The construction of settings involves great labour. It sometimes covers one fourth the cost of the picture.

摄影场之布景，其制造经费占全片成本十分之四，其伟大精致者则更经长久时间始得完成，此为布景时情形。

A well decorated room-an example of a skillfully made setting.

在银幕上所演出之布景，或用摄影术以遮掩不入镜头之部分，惟于画面上所见道具用品，则不能不以真材实料充当之。

When everything is ready, the players step in and do their part.

布景既妥，演员选定，即由导演开始拍片工作，此为导演指导阮玲玉上镜头拍戏情形之一。

Work-man directing the rays of the incandescent lamps used for indoor scenes.

室内拍片，需要充分光线，此为摄影场拍片灯光之一，图中之光由高射下，同时四周灯光由旁射出，照耀全室。

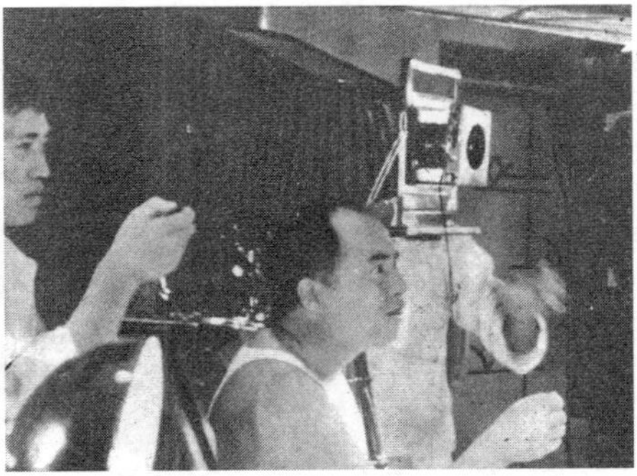

Taking still photographs for posters and news paper advertisements.

每部影片之摄制，除活动影戏映于银幕上外，尚有一种照片亦于拍片时摄取者名为呆片，用以贴于戏院门口或交报章制版发表，此为拍呆片之摄影机。

When the story necessitates the photographing of a natural scenery, the picture-making group has to do their work in the open. Not unoften, cameramen and actors have to travel a thousand miles just to have a scene hit at a famous scenic spot.

遇有特殊情形，剧本指明需要户外背景时，摄影场不能装设，乃组织外景队至各地摄取天然景致。

Developing miles of film, a process that requires very careful handling.
全部影片既上镜头，摄影师即将所摄之底片交洗片部冲洗。

The negative film is left to dry on a huge drum.
底片冲洗后取出时，将数百尺长之软片搭于一圆架上，旋转使干，谓之晾片。

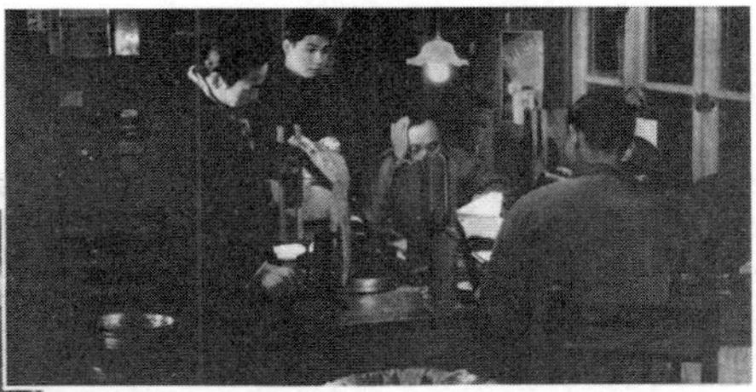

Cutting the picture and set them into right order.

初次冲洗之底片其所拍剧情物序甚为零碎混乱，须经剪片人将底片各部分不重要者裁去，只留剧情精华，以备接联成戏。

And then segments of the film are joined together by special mechanical device.

剪片之后须将全部影片按剧本顺序整理，然后接联成戏，合若干尺为一卷，以便戏院采用放映。

Copies of photographic positives are then printed from the negatives.

每部影片只有一套底片，然欲分映若干戏院时，则可多晒若干副片，故戏院所映者实为影片之副片，非底片也。

A scene from a picture as it would appear on the screen.

观众在戏院所见之影片，实不知经过几许时间工作，始得映于银幕上，图为王乃东与王默秋在联华影片“新女性”之一幕，此照片之由来，即由摄影场拍采片所摄得者也。

怎样做船
江南造船厂之参观

The wharf of the Kiang-nan Dock.
江南造船厂码头在上海高昌庙。

The Machine shop.
江南造船所自设之机器厂，专制各种机器零件，以备造船及造飞机之用。

Laying the first keel.
造船之程序，先将板条依所定船身大小搭成外形，然后加竖肋骨及钢板等。图为开工镶钉第一个泡钉时之情形。

Building up the skeleton of a big steamer.
造船之第二步工作，为竖船底之肋骨，此肋骨为支持全船身之要件，如人身之脊骨及肋骨然。

Fixing the plates.
船身骨干已备，乃开始装钉铁板。

Painting the bottom.
铁板及各项装置已备，乃即将全船全部油漆。

Laurching the new boat.
内外装修俱后，此经几许人工之轮船，最后乃于隆重之典礼中飘然下水。

江南造船所史略

江南造船所于同治四年创办，迄今七十年，名称凡三易。创办之初，与上海兵工厂合而为一，统称为江南造船局。光绪三十一年与制造局划分后，改称江南船坞。民国成立，归海军部接管，始改为江南造船所。该所设于上海高昌庙黄浦江西滨，地段至佳，对江即为大来洋行码头，巨大船舶，来往络绎，占地三百余亩，江岸线长约四千尺。所中设有打铁厂，打铜厂，轮机厂，木模厂，翻砂厂，飞机制造厂，造船厂等部分，现有职员二百余人，工匠艺徒三千余人。开办以来，所造各式船舶，已达七百余艘，所修船舶，不计其数，实为我国最大最完备之造船厂也。

桑枝制纸之试验
PAPERS OF SUPERIOR QUALITY MADE OF MULBERRY BRANCHES

（黄剑豪摄）

粤建设厅蚕丝改良局，以蚕农每将富有织维质之桑枝作燃料，殊堪可惜。特从事将该项桑枝试验，作制纸之原料。经一载之研究，卒告成功。最近拟即设厂作大规模之制造，俾抗舶来品之倾销而挽利权。诚有益国计民生不少也。兹将利用桑枝制纸程序，摄刊如图。

Cutting the mulberry branches into bits.
先将桑枝截至一二寸长，以便蒸煮。

They are then melted in an oven.
将桑枝入炉内，和以苛性钠蒸煮，使桑枝化解。

The pulp is completely stirred for 16 hours by the machine.
将化解后之桑枝放入打解机内，约打十六小时，即打成浆。

After breaching the pulp is taken out to be made into paper.
已成之桑枝浆漂白后，放入水池内，用铜线网捞取，以备制纸。

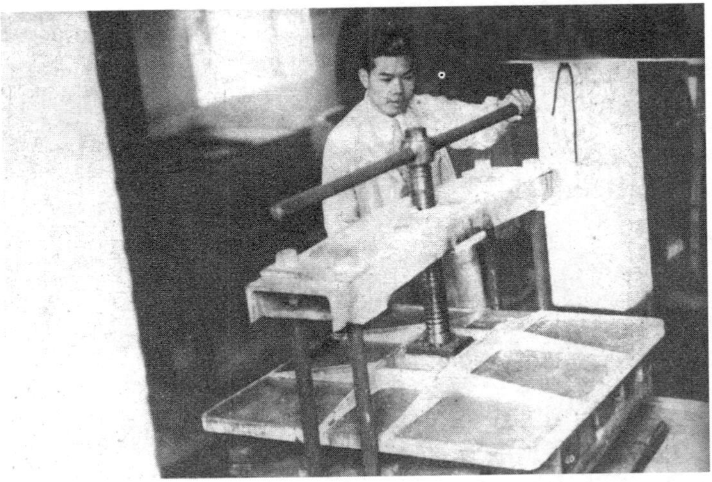

The sheet is pressed under very high pressure.
将已成之湿纸，用螺旋压压去水分。

And then to dry on the wall.
压去水分之纸，张干壁上蒸发，使其半干，然后再放入干纸机内。一面使干，一面使平滑，纸乃制成。

Here are the papers that were once useless branches good only for fuel.
制纸技师何世光（右）与蚕丝局总务主任叶深（左）共持已制成之洁白书纸合影。

人工孵鸡
CHICKENS HATCHED BY MEN

（杨凤麟摄）

孵卵成鸡，在昔皆用旧法，用母鸡孵出，惟母鸡身体不大，故每次只能孵八枚至十二枚，殊非促进生产之法。近世科学昌明，乃有人工孵鸡机之设。此种自动孵化机其温度常为一〇三度，每经廿一天，可孵小鸡二百五十头，较之旧法便利而效大。

为孵化机内置卵之情形。

为廿一天后孵出之小鸡。

为人工孵出刚满一星期之小鸡在日光笼内受日光浴。此时以牛乳为饮科，以促进其生机。

为旧法之母鸡孵卵。

为旧法孵十八天后置温水中之试验，卵能直立蠕蠕而动。

为旧法经廿一天后孵出之情形。其产量之多寡，此诸新法，不可同日而语也。

制地毯
CARPET–MAKING

（黎　明摄）

The simple Oriental method of handmade carpets is briefly as follows. The foundation is a warp of strong cotton or woolen threads, the number of which is regulated by the breadth of the carpet, Short lengths of coloured wool are knotted on the each of the warp threads so that the two ends of each twist of coloured yarn project in front. Across the width of the warp a weft thread is run in. Thesc rows of tufts and weft are compressed together by means of a comb-like instrument and thus a compact textile with a tufted surface is produced; the projecting tufts are then carefully clipped to an even surface.

地毯为我国华北特产品。其起源据传发源于希腊，至清咸丰年间，始由西藏之喇嘛僧传至北平。欧战前地毯一物仅为庙堂或皇室所用，欧战后用者渐多。欧美诸国人士，且皆以用东方地毯为时尚，我国地毯之销路乃日广。据说民国二十年时出品最盛，平津两地，每月出品约值八九十万元，近来世界不景气，各物出口锐减，惟地毯一业，情形尚可乐观。兹将其织造情形介绍如图，以告一般关心于工业者。

地毯之原料为羊毛纱线，故制造时最先为纺纱工作，此种工作多由穷苦之妇女所承办。

地毯所用图案，先由美术家设计，画在纸上，以便按图织制。

毛纱先在水箱中染成各种颜色，以便于织制时分配应用。

按照图案设计上，计算每张地毯所需各种颜色线之多寡，分别秤出，以便利用。以上四种步骤，为织制以前之准备工作。

织地毯之最初步工作，以棉纱合股线绕于机上。

开始织毯前，将画成之图样，置于经线后，以藤笔蘸墨水仿绘于经线上，其中行话谓之画经。

以毛线绕线拴扣，（行话曰拴头）以刀割齐，然后以棉纱过纬。普通一地毯，须拴八十七万四千八百头。四人工作，须卅二天乃可完成。

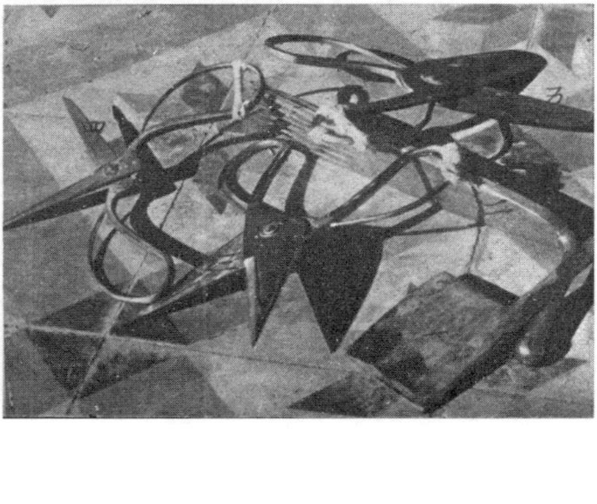

织毛毯之工具为刀，耙，剪花剪及修毯剪。

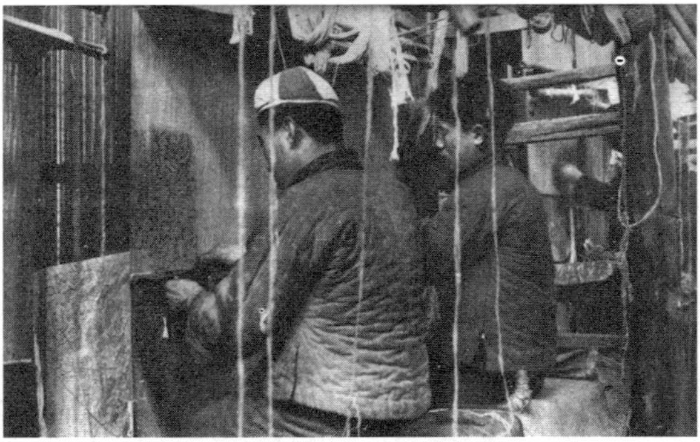

以毛线绕经线拴扣满一道后，须用剪刀将毛剪齐。

地毯织讫，粗看虽甚平整，惟仍须用大剪修理，以臻平滑。

地毯制成后，复须经精细之检验与修整。

花样织就后，仍须用极尖之剪花剪，沿花样边沿处剪出沟痕，使花样更为明显悦目。

经数十日之经营，此华美之地毯最后乃辗转经售，而铺陈于富丽之客堂上。

来克白鸡之饲养

（谢志理摄）

来克白鸡为世界最佳之产卵鸡种。其佳者年中产卵竟达三百余枚。美国农户育之致成巨富者大不乏人，迩来吾国人亦渐有开始饲养，惟每未得其方法，致多归失败，诚憾事也。本页所刊为广东佛山英苑鸡场之内容，该场为粤人梁仁英君所创办，建筑与设备，均称完善。管理尤为科学化。育鸡千余，成绩优异，可称粤东养鸡场之翘楚。

鸡生蛋，蛋生鸡，生生不息，永无止境。

英苑鸡场之前景。

产卵箱。有自动门关，母鸡入内产卵，其门自闭，以便登记。

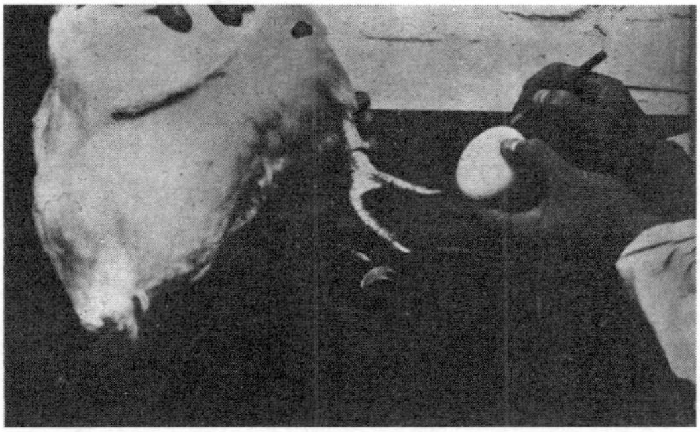

鸡蛋登记。每鸡套有号码脚镯，所产之卵，必记上该母鸡之号码。

发售食蛋。不入选作留种之蛋，则盛盒发售，以供食用。

储蛋库。择其优者，藏于蛋库，留为孵化种鸡。

孵蛋机。机内有自动热力灯，水池，温度表，蛋屉，温屉等。

出雏。在孵卵机内经三星期，即可孵出雏鸡。

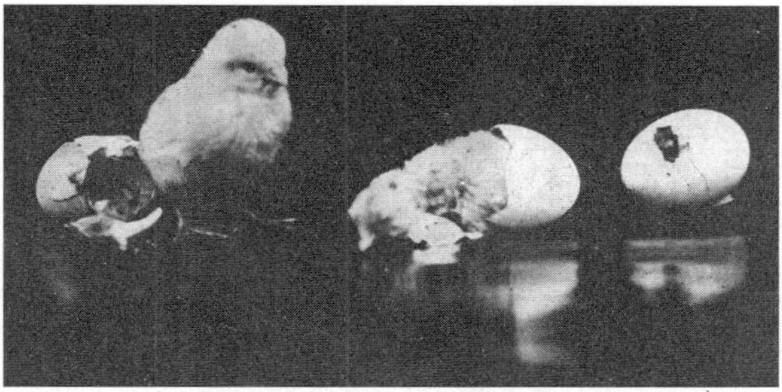

出雏三部曲：一、啄壳，二、破壳，三、出壳。

保姆器。来克白鸡只事产卵，不事育雏，故用一温度适当之保姆器，妥为养育。

防疫注射，足八星期之雏鸡，须预为防疫注射，至六个月，再注射一次，或有病鸡，亦以注射方法为之医治。

第一次注射之后，将各雏鸡分为雌雄，分隔养饲。此为雄童鸡舍内之雄童鸡。

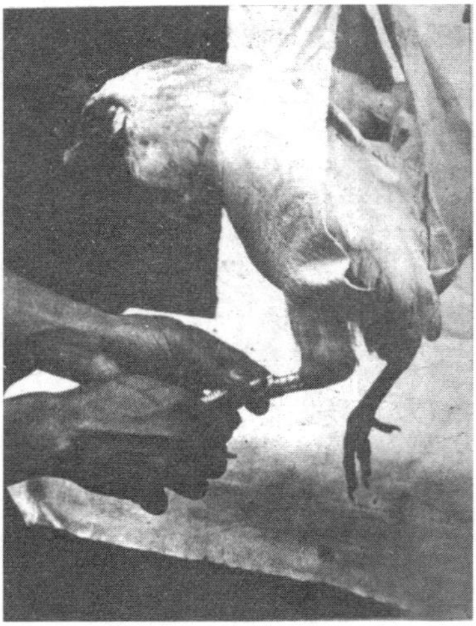

套号码脚镯。一年已满，各雏皆套上脚镯，以便分别。

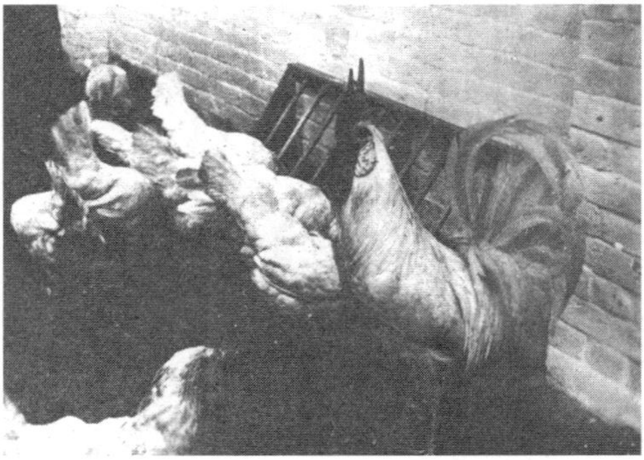

既套脚镯，乃择佳种之雄鸡一头，配佳种雌鸡十二头至十五头，自此每日之产卵箱内，佳种之鸡卵又源源而来矣。图为一雄与各雌之合影，其后为湿粮饲料器。

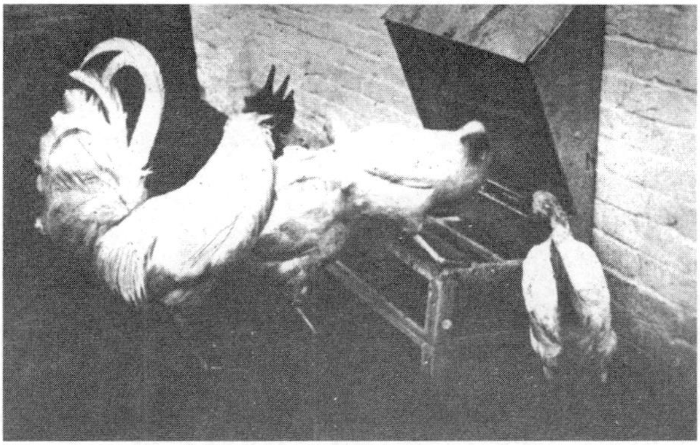

干粮饲养器。饲料为小麦，玉粟，赤米，虾粉，鱼粉，麦片，蚬干，骨粉，蚝壳，烟末，炭末，生盐，青菜等酌量配合。

鸡舍（下页上图与中图）。各舍皆空气充足，地下用木屑谷壳铺满，使其干洁。鸡粪亦每日为之清除。

沙浴场。鸡每日有沙浴之习惯，能利用阳光杀除虫虱，且增益其体质。

每星期用消毒药水洗濯
鸡舍一次，以重卫生。

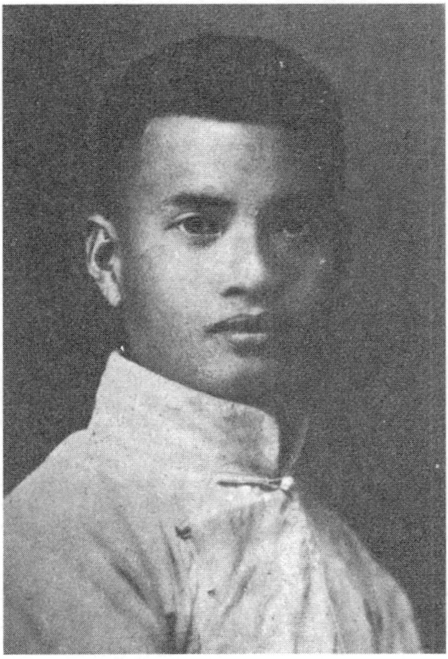

英苑创办人梁仁英氏。

军用鸽
CARRIERS PIGEON

（魏守忠摄）

归家本能为鸟类的特性，尤以鸽为其显著，故被人类利用作传信之用。现在各国军队中，大都有军用信鸽；预备在战场效力。这种军用鸽是经过数年交配的良种，并施过严格训练的。在打仗的时候，它的任务颇为重要。普通信鸽能飞约三百至五百里程。美国在世界大战中所用信鸽达一万以上，美军得信鸽之助而获胜或得救者不少。本页是北平军分会军鸽训练所训练情形，各军用鸽都经长期的训练而能效力疆场的。

A fine species of the Chinese pigeon.
军用信鸽为石鸽与欧洲鸽的交配种，体力视力记忆力均较一般鸽为强。

Pigeons put on top of truck to allow to recognize directions.
鸽车开到一个新的地点，先要将网架张顶上，让它认识地方和方向。

Pigeon houses on wheels as used by Peiping army.
北平军分会鸽训练所附属的通信第一队，汽车上装有笼架，是移动的鸽舍。

Trained pigeons on bicycle for delivery of message.

每通讯队里有脚踏车，附设临时鸽笼，备为发放通信鸽之用。

Writing message for pigeon to carry.

军队开到某地需要通讯时，利用所带信鸽作传达消息工具。

Tying the message tube to the pigeon's leg.

通讯书就放入特制的轻铝信简里，系于信鸽脚上，亦有系于背上的。

Releasing the pigeon for homeward flying.
带信的鸽放在临时笼里，由脚踏车带赴相当地点发放。

Arriving at their own home.
经过长途飞行，信鸽背着信筒带回鸽巢。

Message delivered safely at the headquarters.
鸽归巢时即将其所带信取出之接阅情形。

石膏粉
HOW PLASTER OF PARIS IS MADE

（舒少南摄）

石膏一物，对于建筑，颜料，雕塑等物，及化妆品等，为用最广，我国出产甚多，惟皆做原料出售，向无研粉应销，以致国内所需，皆赖欧美之输入。湖北应城石膏产量最富，现任内政部长蒋作宾，为关怀桑梓，及挽回利权计，特集资约百万，组织商号，专营运销。办理以来，颇著成效。近复向德国克虏伯厂订购新式机器，在汉口设立制粉厂，专作研粉提炼，应销国内工业界。现每日出品计十二吨半，销行各地，挽回利权不少，兹将制粉情形刊载于此，以飨关心本国工业者。

First process in making plaster is to wash clean the raw material.
石膏原料未装入机器研粉前，先经过洗涤及敲碎手续。

After breaking up the raw plaster, it is put into machine for grinding.
石膏敲碎后，由此处装入机器。

In the process of fine grinding.
石膏入机后自动经过打小机，将膏打至更碎。

Furnace to refine the raw material.
打小后自动送入烧膏炉。

After refining it is again put into process of grinding into finer particles of plaster.
在烧膏炉烧过后即经入研粉机研粉。

Plaster of paris now being put into sack.
经过各项手续，最后乃由此处出粉。

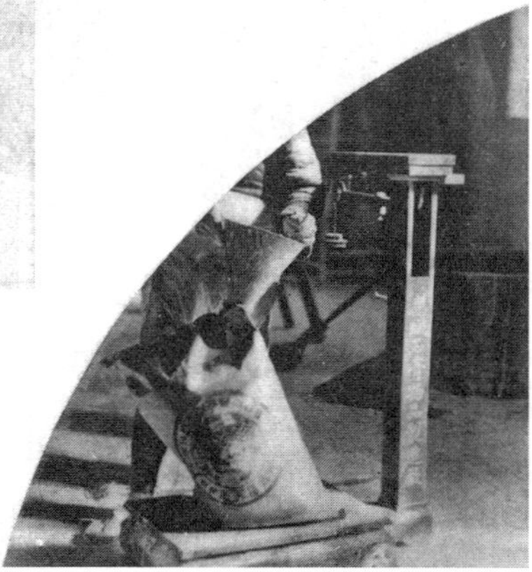

Plaster of paris in soch ready for shipment.
再将其装袋过磅后，即运销市面。

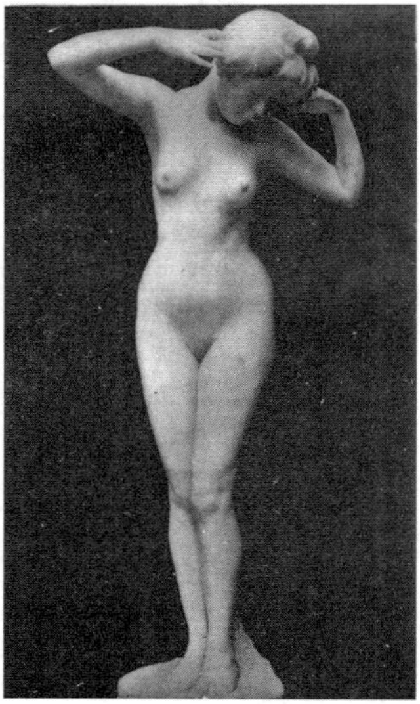

Plaster of paris as used in sculpture.
石膏粉用途之一：全用石膏粉制成之美术雕塑品。

织制呢绒
THE MAKING OF WOOLEN CLOTH
天津仁立公司呢纺织厂之参观

（魏守忠摄）

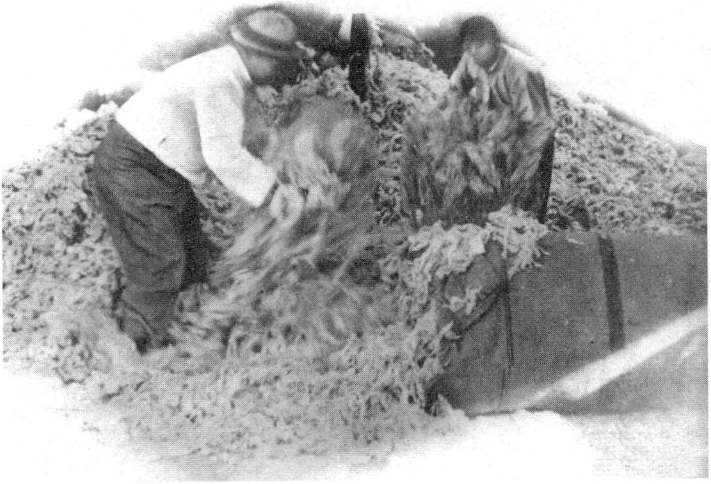

Cleaning the original material-hair from sheep.
毛呢所用之原料为羊毛，须先经打土机去毛内之沙土杂质。

Assorting the fibre.
各种羊毛掺和后，即经梳毛机将羊毛织维梳顺。

Stringing the wool.
梳毛机将毛网分成毛条，以备纺纱。

The warp machine.
整经工作，将纱线自纱轴上绕于整经轮上。

The woof machine.
穿综工作，将轻纱线头穿好以备织制。

The weaving machine.
将纬纱卷纬管上，成适宜之大小，即置梭中以织机织成原呢。

Thinning and thickening process.
原呢织成呢后失之稀薄，故经缩呢机使之较前密厚。

Coloring process.
原呢经洗缩后，再经染呢机，染成各种颜色。

The woolen cloth ready for shipment.
呢绒上尚有长短不齐之毛头，须经此机剪平，乃可出售市上。

新发明压力油灯
THE NEWLY–INVENTED VEGETABLE OIL LAMP

This new model, Patented by its inventor, Mr. Chung Ling, at the Ministry of Industry for a period of five years, brings about a revolutionary step in the making of oil lamps. Heretofore, only kerosene could be used in oil lamps. But this model, with the help of its air pressure equipment, is capable of drawing up vegetable oil from the oil chamber, thus consuming a native product much cheaper than the imported kerosene. The new lamp burns brighter than kerosene lamps, has no smoke, and is a great deal safer than the latter. A successful demonstration was made before Generalissimo Chiang Kai-shek, who put his approving signature on a list of results proving its merits. Pictures on these pages show Mr. Chung's factory at work and his finished products–various models for home use and masts on ships.

桌灯之一种，灯筒下弯入，取其写字读书时不致有阴影。

冲压托盘成形之工作。

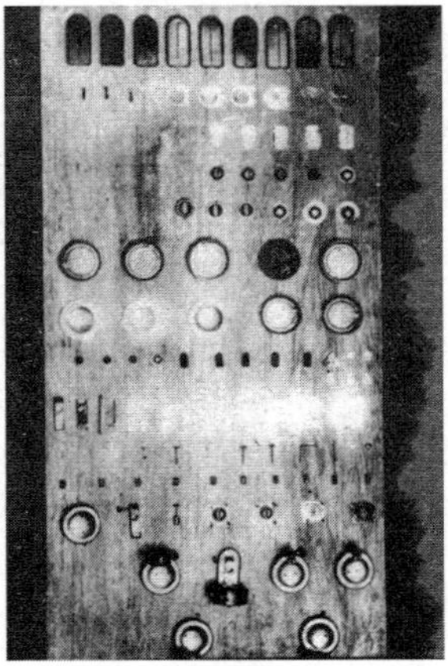

配制油灯之各种零件。

进油斗之压盖情形。

装配部之一隅。

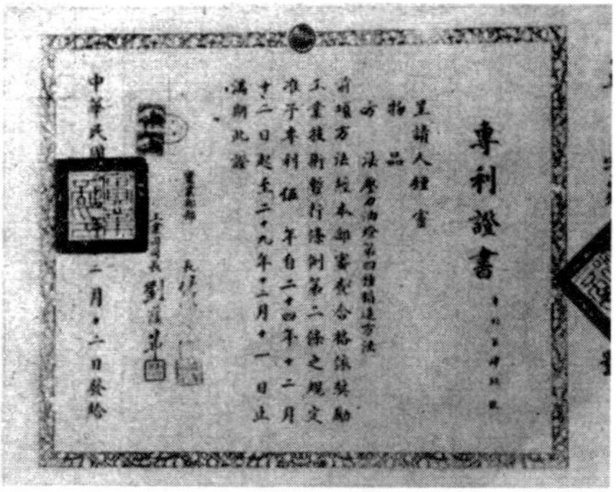

專利證書

物品

前項方法經本部審查合格依獎勵
工業技術暫行條例第二條之規定
准予專利伍年自二十四年十二月
十二日起至二十九年十二月十一日止
滿期此證

中華民國 二月十二日發給

实业部准许专利五年之证书之一。

回光片套进油壶，经过滚边时之情形。

前摇皮打洞孔之工作。

油壶踏帽钉工作。

托盘压边工作。

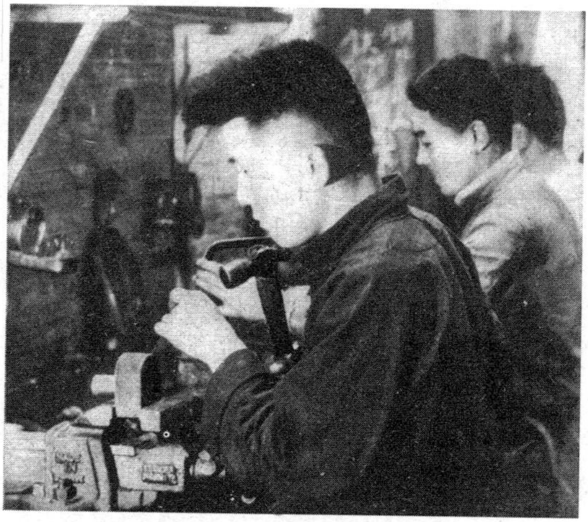

制模部之工作情形。

钢模制造部，由此制出油灯之零件。

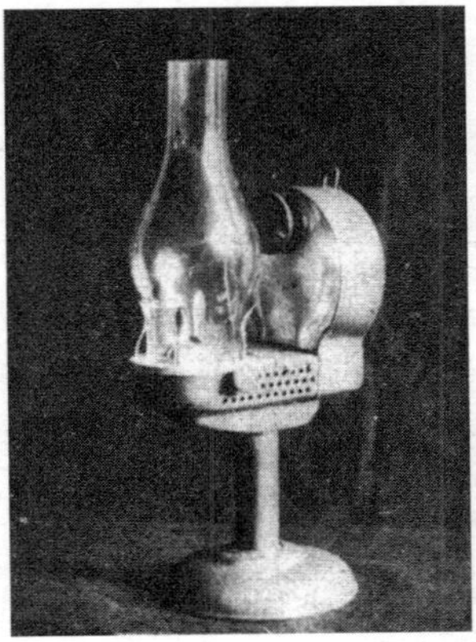

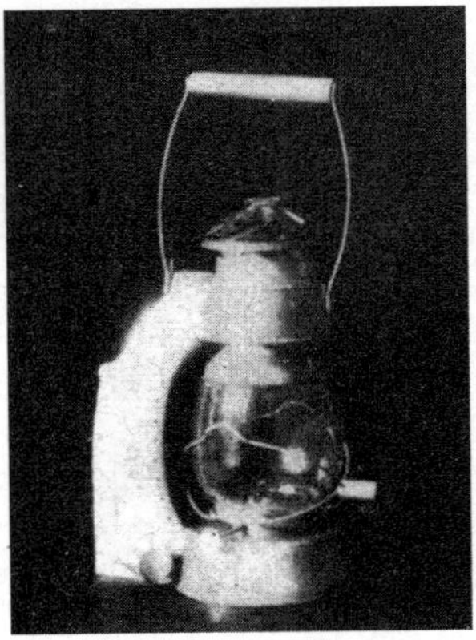

普通灯及桅灯之各种款式，
一部分已有成品销售。

中国植物油业之益友

目前我国农村破产，贸易入超，每年巨量金银外溢，言之痛心。经济侵略，我国危机莫甚于此。按廿三年度之入超总数为五万万余元，而油煤一项，已占五分之一。其消耗处几悉用燃点煤油灯之用。良以我国享受电灯者仅若干城镇及少数乡村，大部分尚燃点煤油灯。煤油既须由外国购用，价格既贵，内地交通不便之处，尤为高昂。且弊端尚多：如有臭味及有煤烟等，于卫生极有妨碍。倘不慎将煤油灯打翻，尤易引起火灾惨剧。为害之烈，不可胜计。

钟灵氏前曾以其发明之印字机问世，深得各界之赞许，既鉴于上述煤油灯之种种弊害，及每年漏卮之惊人，乃悉心研究，成此压力之油灯。平常吾人以油作灯，只限于燃点灯草之用，因油质黏凝，难以施于煤油灯所用之灯心上。钟氏发明之灯，即利用压力之原理，压油上达灯芯，功用遂同煤油灯无异，而省费，无臭味，无烟毒，即倾倒亦不致发生火灾等优点，反比前者为佳。此种油灯除动物油外，凡植物油如菜油，芝麻油，花生油等均可采用。此种油在我国农村随处皆有，既可挽回利权，又可振兴国内油业，于国民经济方面造福至大。一旦国际战争发生，煤油尤有来源断绝之虞，压油灯之发明，更为目前所急需。实业部为奖励起见，特准许专利五年，经国立中央研究院检验结果，亦确证明其品质优良，编者曾赴该中国油灯公司工厂参观，特将其制造情形列出。现该厂新厂址尚未落成，目前每日只能赶货二千，尤觉求过于供，于此可见各地采用之踊跃，足为我国工业前途生慰。

医药常识
CHINESE MEDICINES
中国药材采制提炼及其功用之一斑

（周云亭摄）

The Chinese physicians, guided by their knowledge inherited thru many centuries and improved by accumulated experience, prescribe in a way all their own. Here are some of the animals and plants, found in peculiar places, which are important in the Chinese medical profession.

中国药材多采自植物，图示采觅鲜石斛者之情形。按鲜石斛生深山幽壑岩石中，长五六寸，以茎入药，功用清胃除烦渴，实为生津养阴之妙品，惟产地极少，非老于此道者不易觅得，故价颇昂贵。

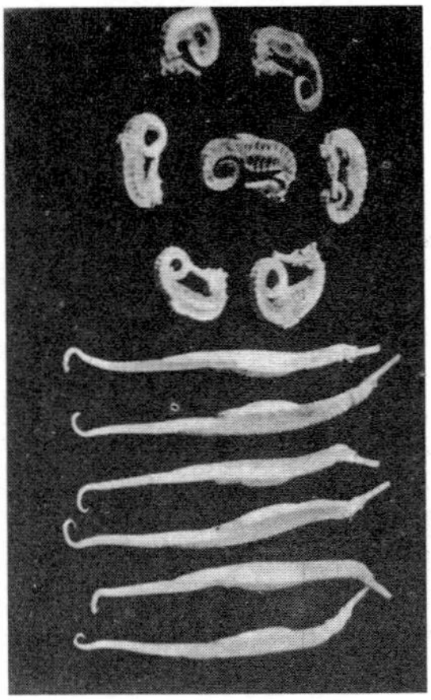

海马属硬骨鱼，产于海岸，体银白色，首尾卷于腹部，入药功能壮阳，治症瘕，大则体直，名为海龙，功用与海马同。

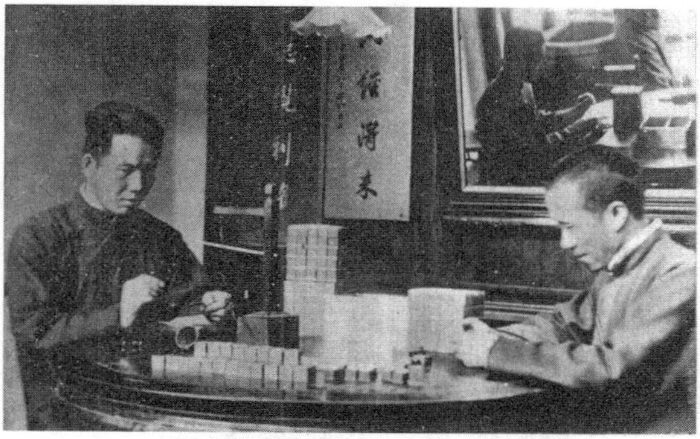

国药中之六神丸，为麝香牛黄㼑珠等各贵重药品所合制而成，功能解毒清热，流传最广，尤为日本人所信仰药用，每年运销日本者甚多。

野术为国药中王道之补品，生于荒山中，非专采掘者，难识其苗。浙赣湘广各省农民，多赖采野术为生者。图示一农民得苗掘其根之情形。

国药制丸，全赖人力，或用手搓成细条，再以手指捻成，或将粉置竹筵内，用手旋转之而成。

竹类甚多，惟淡竹能入药。择嫩者割之，去其青皮，刮取内层，名曰竹茹，功能凉血，清热，止呕恶，去噎膈。

竹沥之制法，系将竹截成尺许，架于铁器上，中以火炙出其沥，两旁用器承取之。功能化痰润燥。

珠珠珠砂等贵重药品，均须以瓷钵研净，始可合丸，图为二人对坐循环研丸之情形。

无锡泥人

（石万里摄志）

耍货——泥人——是江苏省无锡最著名的特产，具有三百余年的悠久历史，每年营业状况，总在十万元以上，依此为生者，何止千人。出品质工精良，颇有艺术风味，不只畅销国内，也很受外人的赞美与欢迎。

对这驰名全国的无锡泥人业，我早已想亲自参观一次，本年夏间个人旅行途中，在此曾略作勾留，这个机会很好，看到了有关泥人业的一切，并摄得好多照片。

历史与现状

我先到各耍货店去参观，和从事此业的人攀谈，最后更访问了高标先生，他是无锡惠山镇艺术馆的创办人，曾受江苏省建设厅嘱托制造省会模型，首都市政府嘱托制造南京市模型，经委会嘱托制造公路模型，为蒋委员长造像等。他不止技美，并很富有新的思想，创造的天才。最近宜兴术优省立美术学校请他去做美术教授。据他谈：

无锡惠山泥人业的历史，虽无书籍可考，然一般老泥工，在其曾祖时代，便已以制泥人为生，迄今至少已有三百余年，这却并不假。并且还有一段类乎神话的传说：明朝刘伯温查勘无锡惠山，有王者气，恐怕再有帝皇出世，将不利于朱氏，遂用山土塑成武将模样，作为镇压；——这是惠山泥人的发明者。从此以后，惠山风水已破，再不出显达特殊的人物，一般人困顿不堪，便相率以塑制泥人为业，以迄现在。

惠山居民，共有三四百户，都是以农为本，而以制造泥人为其副业，从事此项工作的男女，在五百人以上，赖此为生者，约在三千人左右。还有一部分人，近来已抛却农种生活，专营此项手工业。

惠山镇的住户，逐家都是泥人作坊，此外尚有专营泥人业的耍货店，在逊清末季只有陈聚盛等十余家，彼时有耍货公所，盛行一种行会制，每有新耍货店设立，除须有资本三二百元外，还必须：一，按其资本多寡交纳公所费数十元不等；二，演戏二天，并大设筵席，以宴请同业；三，共同遵守本业之一切禁约，最主要是实行传子不传婿的传统规定。所以，当时开设耍货店，也很不易。民国十六年，废除此种制度，实行门户开放，最近已增至五十三家之多。

制法及类别

制造泥人，却也不是一件容易事，须经过下列程序……①最初步是炼土，采来黏土后，掺些碎乱的洋皮纸，用水合匀，还要捣烂，如此泥质才能黏纯而柔韧，砌成一方方的，存在阴凉的处所。②土已合好，其次便是制造。制造还有两个方式：甲，坯制，先用石膏制成模型（坯子），模型是两片合成的，将黏土贴入，用手抹匀后，再将模型取下，泥坯便算告成。乙，手搦，这须有熟娴的技巧，并不要任何工具，只用手随心所欲的捏，竟也能惟妙惟肖。③粗制成的泥坯，自然不会十分光洁，还要加以精细的修正，用牛骨簪慢慢的括抹，匀细。④泥型完成后，就该粉饰了，先用白粉敷过二次，再绘图着色，最后涂油，于是泥人成功。

泥人也有粗活细活之分

最初只有大红大绿的泥娃娃之类的东西，匠气十足，民国十六年以后，各耍货店为了迎合心理，适应社会需要，无论质工或式样，完全改善，争奇斗胜，花样翻新。出品的种类，除戏剧人物外，并有各种兽类，摩登少女，渔翁等百余样式。售价最高每件要五六元国币，最低一二分不等。民国二十二年，高标先生创设艺术馆，专造精美泥人，因式样新奇，制工精纯，色调调和，很有艺术价值，大受一般人的热烈欢迎，几乎独占了无锡泥人业市场。于是各泥人铺竞相聘高君指导，以谋改善。经过这样一个阶段，乃能全体猛进。高君的出品，以总理遗像，无量寿佛，古式观音等，最为畅销。前年国府恢复尊孔，他曾特制孔子遗像千尊，不久便行售罄。最近，他正在努力研究，预备扩大范围，筑窑大批制造。他还说，此后将从事塑制民族英雄，革命先烈以及关于革命史绩的故事。果能如此，这也是很好的通俗民众教育用具呢！

原料和其他制造泥人的泥土，是白石坞，煤屑路一带的特产，淡黑色，既不涩，又不太黏。该处仅三十七亩左右地方产此项黏土，就中只有六亩地原质最好，每亩地价约值国币千元。此项黏土，每元钱只能买七担（每担八十斤）。出产此项黏土的地面三尺内的土质，与普通农田相同，一样可以种植稻麦，三尺下即是黏土，不过最多有四尺深，少则二三尺不等，黏土掘去，地主再用普通泥土填满，过去三二年后，仍又变成黏土，所以虽逐年的发掘，却永不会有缺乏的时候，真可说“取之不尽，用之不竭”了。每年只限于收麦收稻之后，采取黏土二次。最近双河上一带，也有黏土发现，约占地八十余亩，土质稍逊，每元可买九担左右。此项黏土并可制造锅坯，各地学校也常买去做试验品。每年销数，总计可以超过五千元。

惠山镇要货店，要首推高标创设的艺术馆的出品最精致，营业状况以陈顺兴、陈复茂、新华、美景等为最隆盛。

除惠山各要货店外，无锡饭店，新新商店，甚至苏州，上海，各地全有经售此项泥人的商店。

平均说，每年在本地可销四万元左右，外销五六万元，总额最低限度要超过十万元。数目虽不太大，但毕竟能以少销一点舶来玩具，也未尝不可稍塞一笔漏卮呢！

Pressing mud in a model as the first step.
先用他手搓成泥人形状，制成模型，再将炼好的土，放在模型内，便成功了桌上的泥坯。图中工作者即捏制泥人最负盛名的高标先生。

After a few touches, the dolls are put aside to dry for a few days. Then the great task of painting begins.
泥坯再经过修正，晒干两三天，然后着手涂色，更增加了美的成分。

As They Are Made in Wushih.
无锡惠山耍货店之一，大批泥人都像这样等候它们的主顾。

Putting on the eyes and eye-lashes is a very delicate job that requires a real expect.
画眉开眼，是最繁杂的工作，必须由熟练的能手去描绘。

Any movie-goer can tell you who these two gentlemen in uniform are.
神气十足的洋泥。

Characters in an old Chinese opera.
以泥捏成的一出旧剧里的角色。

A bevy of beauties for your selection.
袅娜多姿的摩登少女。

A bunch of kid dolls with the great Buddha.
栩栩如生的小娃娃。

木鸭子的长成

WANNA BUY A WOODEN DUCK?

玩具制造一瞥

Peeping in at the secret art of toymaking.

These joys for the children require considerable hammering and sawing to make. Here, we explain it to you step by step with pictures.

旧历的春节转瞬间又到眼前，市上卖玩具的又呈活跃的气象。小孩子扯着大孩子，个个都想把这些花花绿绿的东西多买几个回来。但是玩具的制造程序，恐怕还没几个人曾看过，从前较好的玩具，多半来自外国，想参观它的制造机会，自是难得。这几年来，中国各业振兴，玩具方面的成绩更为不错，这里介绍的，就是上海中兴工业社玩具制造情形，读者可由此得窥见一部分玩具制作程序的一斑。

Sawing the wood into pieces of different sizes as the very first step.
最先是依照规定尺寸，切开木材。

Some more sawing to smoothen the edges.
再来锯齐背部木块。

These rough figures are piled up to walt for further work.
暂时的构成粗型。

Then saw these pieces into rough figures of the toys.
接着锯成各种各样的玩具身体。

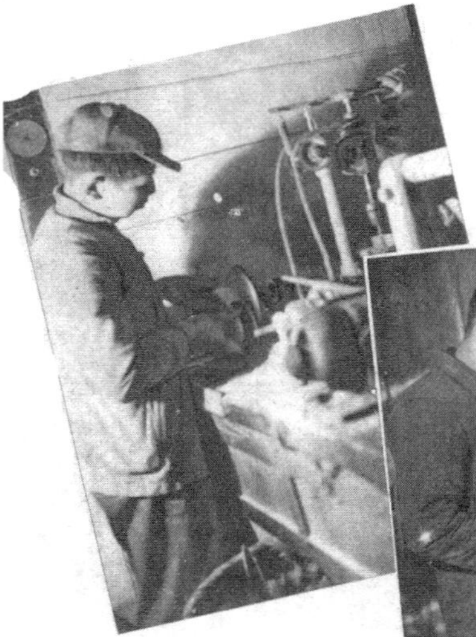

In the process of smoothing.
刮磨光滑，形类已大具。

Putting on colored paints.
然后涂上颜料，美丽无比。

A few touch on the "e
complete the make-up.
轻轻描上眉目条
俨然一只真玩物。

Drilling holes to joint up the different parts.
关节部分钻了洞 ，穿了骨节，便能行走自如。

These ducks can flap their wings, raise their heads, open and close their mouths, and believe it or not, they can "quack."
这是完成了的木鸭子，会跑，会拍翼，还会叫。于是在儿童世界中，又多了一种动物。

Eyes, wheels, joints and whatnotes are finally added to complete the great task.
再配上许多应有的部分，和整个的合成。

热水瓶制造程序
HOW THERMOS BOTTLES ARE MADE

（吴宝基摄）

热水瓶为吾人日常家用之物，构造如何，谅多已明了，惟其制造之程序，及其原理究为如何，则恐尚未能尽人皆知耳。热水瓶之所以能保持热力，是缘于热水瓶之胆不发生“传导”，“对流”及“辐射”三种物理作用之故，无此三种作用，热力始能保持。然热水瓶胆缘何而不发生此种作用乎？读者当能于下列之制造程序中得之。

Thermos bottles are made in different shapes. Here we see a machine for the making of one of the models.
热水瓶有各种样式，最初为制造模型，以后便依样制造。

Machines turning out copper-plate caps of the thermos bottles.
铜皮的热水瓶盖，全由机器轧成。

Blowing glass into tubes—the first step towards making the vacuum containers.
热水瓶中最重要部分之瓶胆，乃用极细之玻璃溶化后，吹沙，由烈火在铁制之模型中而成。

The tubes are heated in a furnace for several hours.
刚制成的瓶胆，须放在窑里，以火烘之，使玻璃热度渐减，经数小时后乃将其取出。

Telescoping the inner tubes into the outertubes-melting the bottoms of the outer tubes to make a round shape.
套胆，是把小瓶胆套于大瓶胆里，然后将外瓶胆下端溶化，钳成圆形。

Cutting off the excessive parts from the tops and melting the openings of the two tubes to make them into one.

割头，以火烧铁丝，割去瓶胆上多余尖角，且将双层玻璃瓶胆口溶化为一。

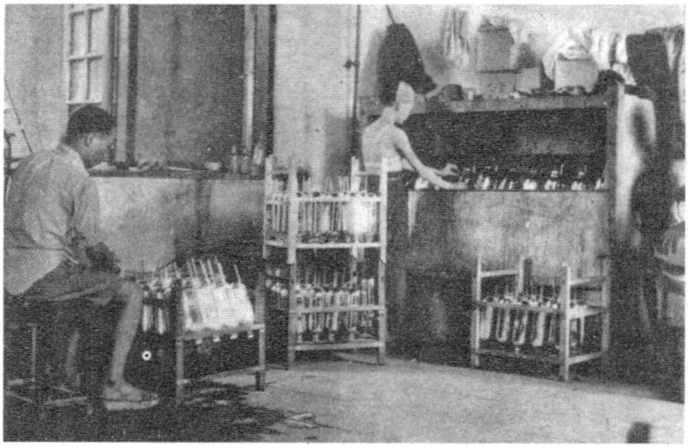

Shining the double-tubes with solutions of nitrate of silver.

上银光，以硝酸银化合成的水，倾注于瓶胆之夹层中，颠倒摇动，再用火烘数分钟，即晶亮成银色，此不但美观，且使热度不易向外导散。

Drawing air from the space between the two tubes to make it vacuum; thus, the vacunm containers.

抽气，以电力抽去瓶胆夹层中之空气，成为真空，然后闭塞下端细管尖形，使与外面空气隔绝，乃得保持热度。

Testing the vacuum containers to see if they can preserve heat for 24 hours.
制成的瓶胆，须经试验，是否能保持热度至廿四小时。

In the store room for vacuum containers.
已制成的晶亮的热水瓶胆，堆积如银壁。

Putting the vacuum containers in their proper shells, we have the finished thermos bottles.
这样便装成了各种各样热水瓶。

鲜菇之人工培植法

MUSHROOMS HOW TO RAISE THEM.

（守　忠摄）

鲜菇之人工培植，始于法国巴黎近郊；在大战前每年运输至美国者，约达四百余万磅。卅余年前美国康耐尔大学（Cornall University）教授 Dr. B. M. Puggar 特赴法国考查鲜菇栽培之方法与事业。归国后在美国农部服务五载，传其艺于普通农民，于是培植鲜菇之工业，乃勃兴于美。

北平民生鲜菇研究所主办人乃 Dr. B. M. Puggar 之门生。该所去年方开始建筑房屋，以备大规模之出产。所址位于北平南郊天坛之后，现占房屋十余间。坐北朝南，以得充分阳光之热度。按鲜菇本属寄生之一种，自不需阳光，然适合温度之保持，亦至重要。室内支搭木架高约丈余，长四十余尺，宽六尺，两方各留三尺过路。木架分为五层，彼此相隔二尺。架之北面为热炕一行，其长度与木架等，宽约二尺余。架之南面近窗，但有草席悬挂于架与窗之间；如此室外之空气不得直接入于室内。

培植鲜菇之原料为马粪与稻草或麦秸。马粪之价值不等，平均每千斤约合二元余，运费在内。麦秸或稻草之价则为每百斤一元二角余，先将粪与草掺杂，并加以相当之水量。粪与草之比例约为 100：5，每百方尺菌床之面积，约需 3000 斤马粪堆积之至四尺余高，其后每隔一星期或十日翻耙一次。堆内之温度当升至 70℃。四至五星期后，发酵之手续完成，而粪色易为深褐色，且无任何之恶味，其温度亦退至 25℃ ~30℃。

将发酵完成之培养料移于菌床内，堆之至八英寸余厚。堆积之后，有时温度复渐上升，故必俟培养料内温度再降至 20℃时，方可开始播种，否则有被烧毙之可能。

菌种之制造，需特殊之艺术与专门之学识。且所需各种仪器之价值亦颇昂贵，民生鲜菇研究所之菌种，皆系自己培养。

于播种时，须先将每瓶内之菌种割为四五十块，排列于菌床培养料之上。其距离约为一尺。布置完好之后，掘深约寸余之穴，埋菌种于其下，上覆以培养料。

二三星期后，白色菌丝即开始于培养料之下发生散布。是时应于菌床盖土寸余，土之质不宜过黏，亦不宜过松，不宜过酸，亦不宜过碱，且于未铺复之前，宜先筛去土中的粗粒。

下种之后，室内之温度宜保持于 15°C~20°C 之间，土上盖以稻草或麦秸，以防土内水之过度蒸发，八星期内蘑菇即可出现。此后室内温度即应落至 15℃左右，且时用水喷浇墙壁与草席，以增加室内之湿度。除此之外，每日应开窗二三小时之久，以便通气。

洋菇之菌帽半圆形，横径可长至五英寸，然二三寸者较易出售，其色洁白如雪。采取时以左手旋转菌干，使基部折断。如向上拔，菌丝亦必被拔出，有碍将来鲜菇之发生。

现我国种植洋菇者，有杭州，福州，及上海等数处，购买者为西人，普通之中国饭庄尚少用之。因为需要有限，故按现下情形而观，鲜菇一业尚不甚发达也。

Mushroom germs in bottles carefully guided from other undesirable germs.

北平民生鲜菇研究所所制之菌种，储于一磅量之瓶内，以棉花塞堵闭之，避免杂菌之入内。

Horse's dung and hay mixed together to make fertilizer for the mushrooms.

马粪稻草与麦秸，系培植鲜菇之原料。以相当之水量掺杂之，四五星期后发酵时始能使用。

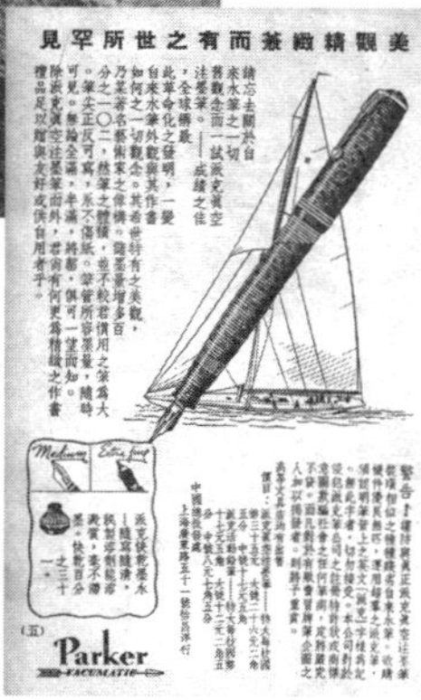

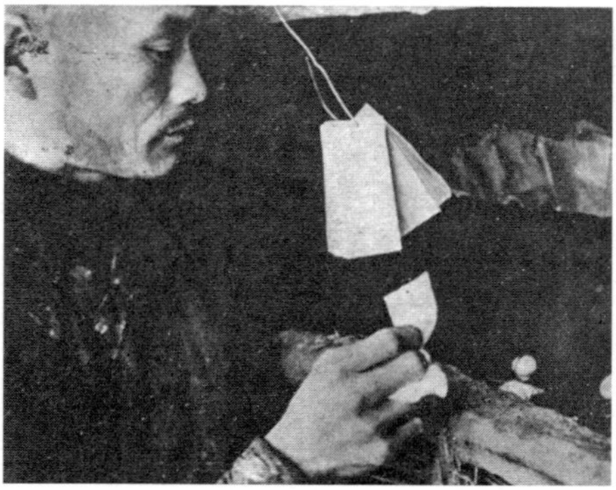

Picking mushrooms. To save the roots, a twist is necessary before breaking its stem.

采取鲜菇时，以左手旋转菌干，使之于基部折断。如向上拔，菌丝必被拔出，势必损坏菌苗。

Wrapping the stems of mush rooms before casing them.
采下之鲜菇，用白纸将菌干包裹，装盒出售。

Mushrooms can't endure cold, so they must be tightly wrapped before being sent to the market.
鲜菇极怕凉，必用棉被包裹，然后方能送出市场待沽。

Mr. Liv Juchang, head of the Min Sang Institution for the study of Mushrooms, in Peiping, with a case of fine produce from the institution.
北平民生鲜菇研究所所长刘汝强。手中即该所出产之鲜菇。

无线电播影术

TELEVISION：AS A SCIENTIFIC SUCCESS

科学上已臻功成　商业上尚无把握

More than $10,000,000 has been spent on promoting television. Yet so far no person is able to buy a receiving set at present due to the not-all-tooperfect experiment of television broadcast, now limited to its signal range of 50 miles. Also, the industry itself cannot deliver good program from the very start for its prospective customers. Hence, television at the present stage will probably for many years be limited to metropolitan areas, especially in New York city, where the Radio Corporation of America is showing high standard of technical achievement and groping efforts in staging television shows.

无线电播影术，为继无线电播音术之新发明，几经研究试验，已臻成功之境。按美国方面为试验及研究此新发明品，前后所费已达一千万金元，结果成绩甚为满意。惟科学上虽称成功，商业上之发展仍无把握，盖此种收影机现尚无人敢于购置，而各无线电器制造厂亦因销数无把握而裹足不前。盖播影与播音不同，播音仅得其声，范围较简，易得听众之满意，播影则除非每日有极丰富优美之表演节日，否则一般人不轻于购置收影机，若每日须维持有极优美之节目，则演员酬劳所费甚巨，目前势难实现，故欲达普通享用之期，尚须有待于来日也。

The four faces above show the rapid technical progress of television from 1929 to 1937. This progress is due to increased number of lines in the image.

由一九二九至一九三七年，播影屡经研究改良，成绩已比以前更觉精细玲珑。上刊四图，即八年间所经过之成绩纪录，最近之成绩已清晰如银幕上所见无异矣。

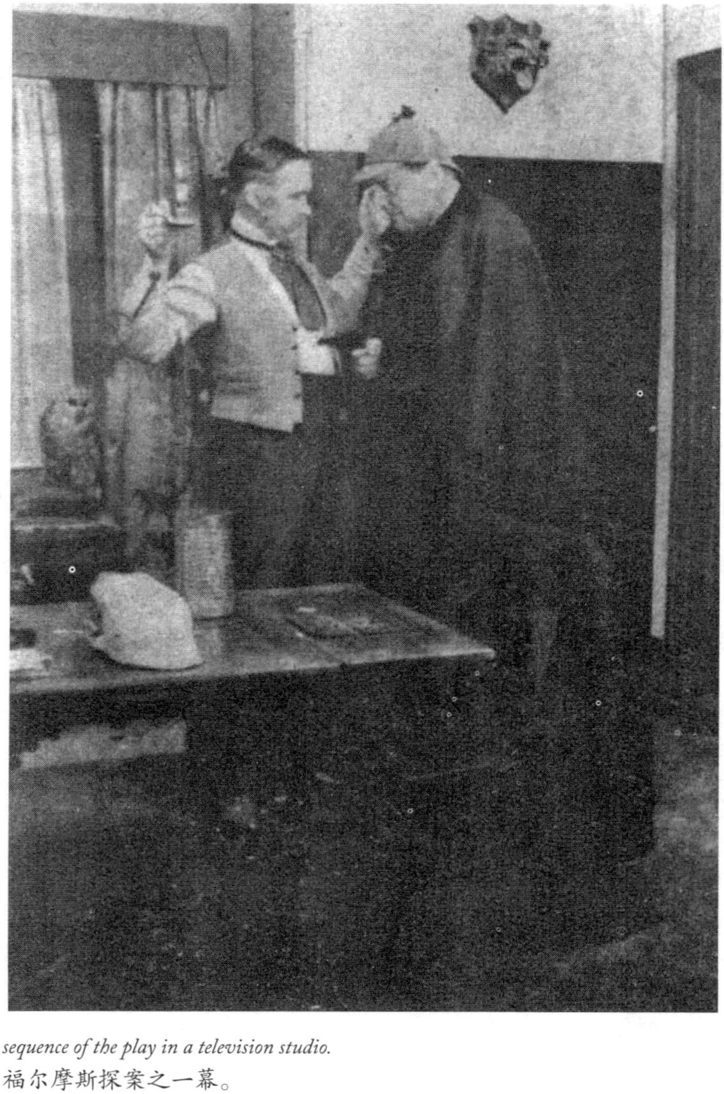

sequence of the play in a television studio.
福尔摩斯探案之一幕。

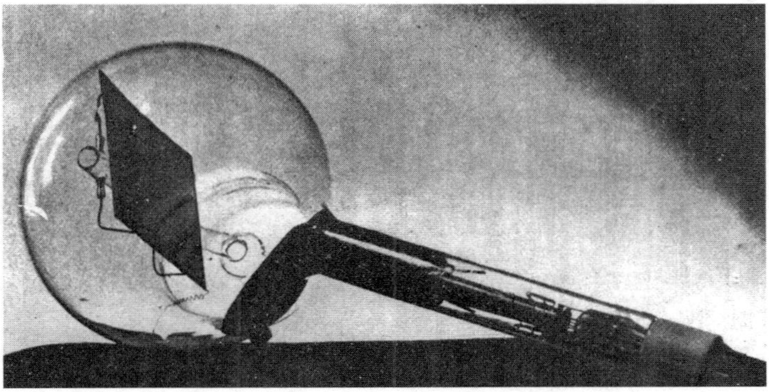

The iconoscope is the heart of the television camera. The image of the scene being photographed is focused on the photoelectric plate in the bulb of the iconoscope. The neck of the tube produces a beam of electrons which scans the whole plate 30 times a second, transforms the moving image into an electric current which is amplified and broadcast.

播影术摄影机内最重要之电泡。此电泡内有薄片一块，摄影时即将物象摄入此薄片内，电泡管即放射电子，每秒钟经该薄片三十次，复将活动之影像转成电流而再行广播。

A scene of sherlock Holmes in the play, "Adventure of the Three Garridebs" being televised from one set to another.

播送戏剧时播影室之情形。该剧所有各个不同之布景，须在室内完全布置好，以便由第一幕接入第二幕时，镜头移动，即得第二幕之布景，播送时不致中辍。上为表演福尔摩斯探案之各布景及工作情景。

Two motor trucks belonging to the National Broadcasting Co., of New York City, taking an outdoor scene for a television broadcast.

室内播影大致已臻成功，现乃积极试验新闻之摄放，图为播影机在马路上准备摄播新闻之情形，此试验如能成功，则世界发生之事，吾人皆可在室中同时亲睹一切矣。

Interior of a television motor truck.

新闻播影，图为在马路摄播时所见之机件。

Television artists must have different make-up.

播影时演员之面部化妆，与普通或电影中所需者完全不同。一切须依背景及灯光之颜色而随时酌定，有时演员之面部化妆，甚或需涂极深之绿色或紫色。

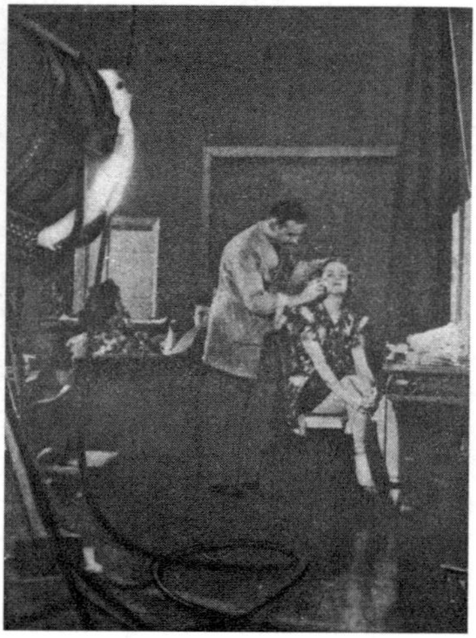

Antenna atop Empire State tower transmits television images to sets 50 miles away.

美国播影实验中之天线，装于纽约最高之帝国大厦上。现播送之影，仅能于五十英里内收得，长距离之播送，尚有待继续研究也。

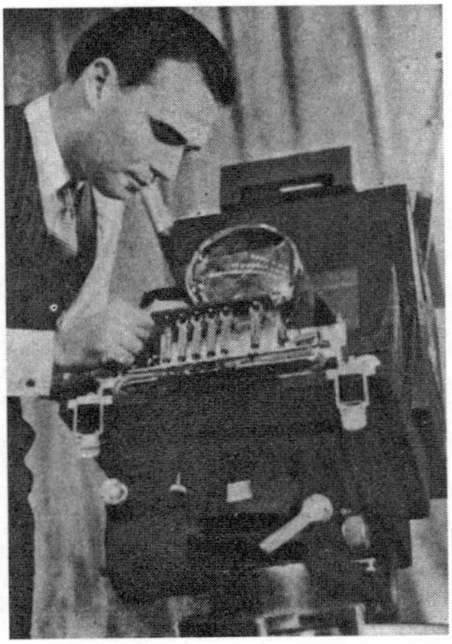

The camera with hood upraised shows the iconoscope.

播影所用之摄影机。

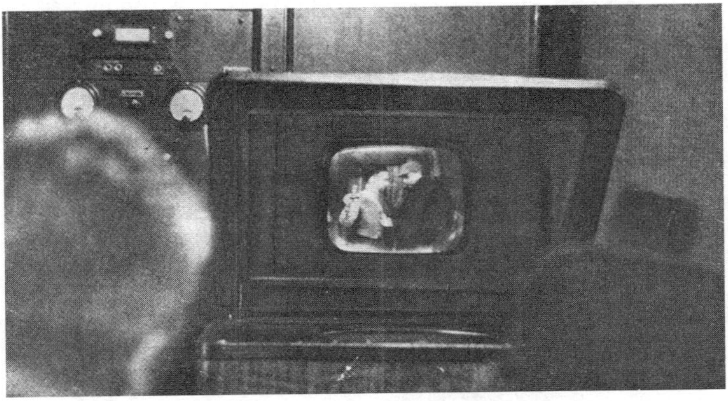

The sequence shown in next page is here re-created by the receiver. Latest development is an apparatus which projects images on regular movie screen.

收影机所收得之影像，此机即由普通之无线电收影机再加上收影之设备而成，上图可见收影之情形，声音笑貌，无一不备。

洛阳纸贵
AS PAPER PRICE SOARS

（穆一龙　焦志超摄　骆　驼绘）

Though generally credited as the inventer of paper, China depends much on the supplies from Norway, Finland, Sweden, Canada and the United States. As the European war spreads, the prices of all grades of paper have risen to seven or eight times the preware rate.

纸，自从印刷术发明以后，已成为灌输知识流传文化的重要媒介物，它是文明国家中人民日常生活的一件必需品，中国虽然是发明纸的国家，但是现在流行的书报，所用的纸张，却十之八九来自国外，其主要来源，大部在挪威瑞典芬兰德国加拿大美国等，自从欧战扩大后，在国际都市的上海，纸就成为与黄金五谷同被当做投机的目标，纸价飞涨之速，以一年前的今日为标准，大约涨达七八倍之巨，于是直接间接发生了许多可惊可笑的现象，本页中所描绘的是所见事实中零星片断，“洛阳纸贵”这句成语到今日又得一种新的解释了。

The prices of books also soared as result of the high paper cost. forcing many youngsters out of school.
书籍因纸贵而增价，有些儿童竟因此失学。

In editorial offices, waste paper baskets are always empty. Even waste papers are not wasted.

编辑室里字纸篓等于虚设，零碎废纸，皆成为有用之物。

In the interior, newsprint of inferior quality are widely used.

内地甚至用粗纸来印报章，字迹模糊，读者间接受到精神与时间的损失。

Posters on the walls are removed shortly after they are pasted——by the poor who use their collections as fuel.
墙壁上的招贴纸，斑驳残碎，广告的效力只能吸引到贫民的注意，撕去充燃料而已。

In the godowns, huge stocks are hoarded. This partially explains the sudden rise of paper price.
货仓里纸张堆积如山，而市面却闹着恐慌的现象，囤户愈起劲，市价愈升涨，这就是纸贵的一个重要原因。

The paper prices and cotton piece-goods prices soar by the same ratio, and the poor find themselves lucky to have a piece of paper wrapping around their bodies.

纸价与布价并驾齐驱，贫民即欲得半张废纸以蔽体，亦属不容易的事。

The side-walk lending libraries are cashing in on the abnormal situatior.

新书价值贵，旧书摊乃应时而兴，即小学生亦懂得怎样省几个钱来买小食。

Even old newpaper's are valued at 30 cents a pound.

旧报纸每斤值三角，小食贩不得不在成本内算进包裹小食品所用旧报纸的价钱。

中国算盘
THE CHINESE ABACUS
——THE OLDEST AND SIMPLEST DEVICE FOR COUNTING——

（谭志超　康祖艺摄）

Consisting of nothing more than a number of bamboo rods fixed in a frame with ivory or wooden beads running along them the Chinese abacus is a useful instrument for making computations and calculations. It has been very popularly used among the Chinese merchants for many centuries and will be as popularly used in the future. The Counting Machine with its complicated set of keys and gears can hardly be matched with the Chinese abacus, for the latter is cheaper in price and simpler to manipulate.

中国算盘是天才的创造，是智慧的象征，它的神奇伟大或许比万里长城更为不朽，这是我们古代文化的遗物，就像我们的旧文学，古代艺术以及建筑物一样的有其永久性。它并无简单的机械构造，只是用木框围起来，有几档算珠的器具而已，但其不可思议之处，并不在乎简单的式样，或者外观的有趣，而在乎其应用的出神入化。我们只要单纯地用指尖把档上的算珠上下拨动，而不需铅笔纸张的帮助，就可以解决从加法到除法的各种算题，比用阿拉伯字码辛苦地算出来的更其迅速而准确。因此，中国人对于算盘的信仰并不因西洋计算机的输入而减色。在科学高速度进展中的今日，算盘是一样的保持其崇高的地位。下面的图片就是表示算盘在应用上的一般事实。

A very simple implement, but it solves your complicated problems.

一具构造简单的算盘加上五只指头的运动就可以找出一切算题的答案。

A good accountant is able to make computations on the abacus with his left hand, keeping the right hand free to jot down the numbers.

“写算”是中国商人谋生的基本技术，最上乘的会计员能够左手拨算珠右手同时写账，既准确，又敏捷。

Many book-keepers find the counting machine too clumsy. They prefer to use the abacus which is simpler to manipulate.

大商号多备有计数机，惟高明的会计员将其旁置不用，仍以算盘来核算一切账目。

Fingers moving beads clicking. Gone with the boredon of the office hours.

数人同时在一张桌上计数，算珠滴答，如音乐合奏，使工作者忘其疲劳。

Children are trained to use the abacus early in their school days for it might be useful to them in their future callings.

为谋儿童们未来出路更容易解决起见，启蒙学校里就有珠算一科，儿童携带算盘上学，一如携带教科书本。

Evening schools and vocational schools usually offer courses on "abacus manipulation" to train skilled book-keepers.

商店的职位是以"写算"为标准，因此一般希冀晋升的小职员多数到补习学校里习珠算。

The abacus may be used for a less serious purpose—there is a game called the "abacus chase" which school-boys love to play.

算盘除供计数外，儿童更可用来作益智游戏，图中二小孩正玩着算盘棋。

Over the abacus, the fortune teller determines your fate.

算盘是智慧的象征，预言家以算盘代表自己的智慧来替人占卜，这是算盘多方面应用之一例。

The Chinese abacus is obtainable at a very cheap price.
算盘的构造至为简单，形式是古今不变，其价值的贵贱，但以木质的粗细为标准。

A good abacus never needs repair nor gets worn-out by use and may last long enough to be used by your sons and grandsons.
一个算盘在正常使用下，可以经久不坏，甚至比人的寿命还长，这家商店里的算盘据说已经用了三代，而完好如新。

Abacuses are cheap and handy. Any pedlar on the street can afford to keep one.

算盘轻便价廉，即摊头小贩亦能置备一具，在“二一添作五”的口诀下，它从来不会替主人少算一文钱。

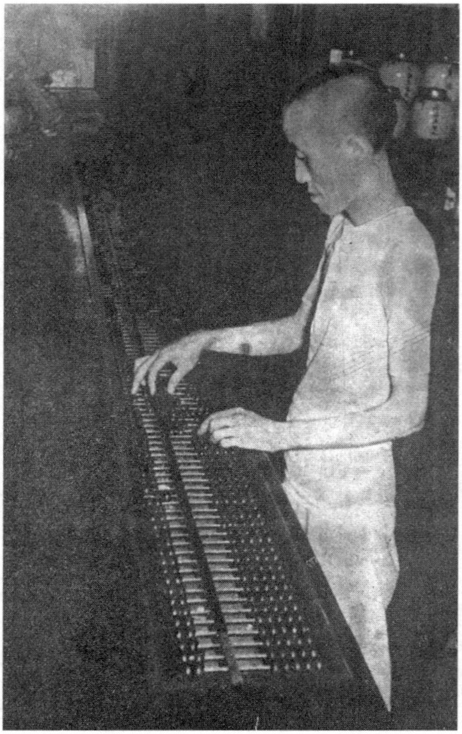

The longest abacus may be found in the Chinese drug stores where it is placed all the way along the counter.

这是某药店里的大算盘，能同时供十多人应用，别致的样式更惹人注意，装饰与实用兼而有之。

雕虫小技
INGENIOUS HANDICRATT TURN STRAW INTO BEAUTITUL INSECTS

（谷　人摄）

街头艺术，往往可以发现特殊风格的创作，结草虫就是其中之一。他们以几片翠绿的嫩棕叶，靠着十只指头的纯熟技巧，就能织成各种昆虫的形状，姿态神情，惟肖惟妙，加以色彩浓淡得宜，故看来栩栩如生，可供室内摆设，可作儿童玩具，价廉物美，虽属雕虫小技，但颇为一般人所爱悦。以下所示为织结草虫者的制作情形，以及为已结成的各种草虫形态。

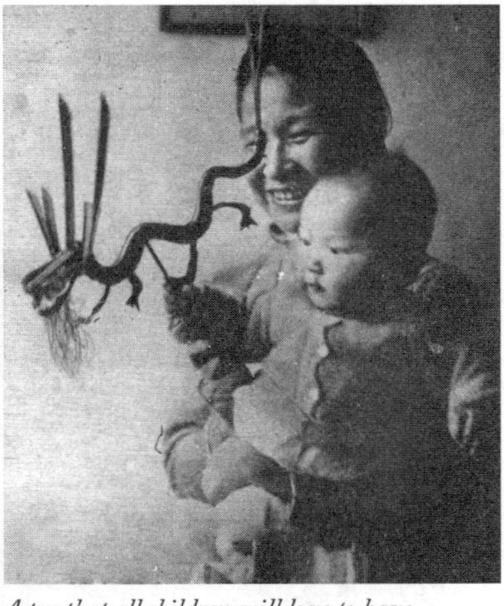

A toy that all children will love to have.
草虫神情肖妙，可作玩具，为一般儿童所欢迎。

Made to order in five minutes.
在街头表演结造方法，随结随买。

A few palm-leaves will make beautiful insects.
新鲜的嫩棕叶，即为结虫原料。

织成的草虫均插竿
头上，待价而沽。

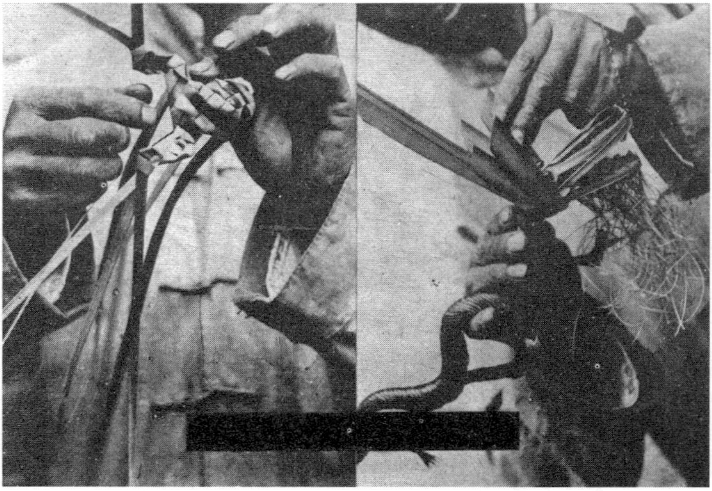

The question is how well you can knit it.
结辫形（右）与方井形（左）同为两种基本技术。

一张军用毯的制造
MAKING WOOLEN BLANKETS FOR CHINESE SOLDIERS

（王小亭摄）

The Chinese industrial Co-operative Society now operating in Szechuen turn out recently two million woolen blankets for soldiers at the front. The society gets wool from Si-kang and has the blankets made by native workmen. Little machinery is used. Under scientific management, it succeeds in turning out large amount of soldiers', blankets in a very short time.

中国工业合作社最近以军用毛毯二百万张运赴前线供给浴血抗战士兵作为御寒之用，其原料为西康产之羊毛，工作过程大部借手工制造，极少使用机械，但中国有广大之人力物力，并经工合社之严密组织，故其生产量殊为迅速，本页所载即为工合社制毯时之工作程序。

Spinning wool into woolen threads.

先将羊毛绞成毛线，然后上机织造。

Dye-stuff are stared is woolen barrels.

本桶内所贮者为染料，旁为待染之毛毯。

Dyed blankets must be thoroughly washed in clean water.

毛毯染色后须经过漂洗，图示大批工人利用天然河流，进行漂洗工作情形。

Combing the surface of the blanket for final finish.
用滚刀将毯面羊毛修齐。

Cutting the blankets into equal lengths.
将毛毯裁成一样大小。

Trimming the blankets with sewing machines.
分幅裁开后用缝机缝边。

Finished blankets being sent to the packing depot.
由小车将完成的毛毯运至包装部。

Blankets are placed upon bamboo mats before pressing.
将毛毯铺叠齐整以备包装。

And are pressed so that they occupy smaller space.
用木架将毛毯压紧再加绳捆。

A bundle of blankets packed in cloth wrappers.
包裹之外层用布缝密。

Blankets being packed are sent to the Military Headquarters on carts.
大量毛毯制成后运至车站转达前线。